言葉につける薬

言葉の診察室①

呉智英

Kure Tomofusa

増補新版

JN083194

ベスト新書

612

◉本書の元版は一九九四年に双葉社から刊行され、一九九八年に双葉文庫に収録された。初出は「クロスワード・デイ」誌一九九〇年五月号から一九九四年一月号。元版刊行時に五章分新稿を加えた。本書では小さな修正、字数調整を行なった。

【はじめに】必ずや名を正さんか——論語子路篇

日本語が乱れている。

ほとんど毎日のように、あらゆるところでそう語られている。新聞の投書欄で、雑誌のエッセーで、隣人や同僚との世間話で、学校や職場の訓辞で、あるいは面白おかしく、あるいは深刻そうに、日本語の乱れが話題になる。そして、その原因はおおむね若い者の活字離れに求められ、一流の新聞・雑誌、教養書の正しい日本語に学ぶべきだといった結論でしめくくられる。

これは本当だろうか。

日本語が乱れている。確かに、私もそう思う。しかし、それは口語表現の、とりわけ俗語・卑語が乱暴であることとは関係がない。俗語・卑語は乱暴であるからこそ俗語・卑語なのであって、俗語・卑語が上品であったらそれこそ話にならない。スケバンの少女が「バカヤロー、てめぇの金玉たたきつぶすぞ」と叫んだって、スケバンなのだから当然である。ここには少しの日本語の乱れもない。文法的にも合っている。

私は〝理解ある教育者〟よろしく、スケバンや不良少年の味方をしているわけではない。学校や社会から落ちこぼれた彼らが俗語・卑語しか使わなくても何の不思議もない、と言っているだけである。俗語・卑語とは、そういう言葉なのだ。だが、もちろん、彼らが乱れた日本語を使うこともある。

以前、不良少年たちを好意的に描いたマンガで、こんなシーンを見たことがある。主人公たちのグループが別のグループと抗争になる。木刀がうなり、怒声が飛び交う。

「コンのヤロー」。俗語だからこれは問題ない。

「ダチのかたきだ」。卑語だからこれも問題ない。

「このサンピン！」。ん、サンピン？　三両一人《いちにん》扶持《ぶち》が現代の高校生に何の関係があるのか。まさか、相手が真剣ではなく木刀を構えたので、お前のような三両《サン》一《ピン》人扶持の貧乏な下級武士は木刀しか買えないのか、と嘲罵《ちょうば》したわけではなかろう。おそらく、この作者も、作者がモデルにした不良少年たちも、テレビの時代劇で知った「サンピン」を「バカヤロー」の高級表現だと思い、得意になって使ったのだ。

恥ずかしい奴らだと、私は思った。ここにあるのは活字離れではない。中途半端な活字憧憬《しょうけい》である。斎藤月岑《げっしん》の『武江年表《ぶこうねんぴょう》』ではなく、テレビのつまらぬ時代劇でさえ自分たちより高級だと思う教養願望である。不良少年の風上にも置けない連中だ。このままではろくな不良にはならぬ。とっととガリ勉して優等生にでもなっちまえ。そう私は思った。

もとより、日本語が乱れているのは、不良少年たちだけのことではない。彼らとは対極の立場にいるはずの新聞・雑誌の執筆者たちもそうである。

一九九〇年十二月二十七日付朝日新聞（以下、日付は大阪本社版による）の社説は、年末らしく、行く年を回顧し来る年に期待する〝格調高い〟文章であった。国際化時代の日本を論じ、日本人の外国人観を問いなおそうとするその社説は、アジア系在日外国人に対する偏見やデマを非難して、次のように言う。

「〔偏見やデマを受け容れる人は〕事実を確かめる努力以前に、自分だけが正しい、ときめ込んでしまう。顧《かえり》みて他を言う姿勢とは、ほど遠い」

そうだ、私も自戒しなければならぬ。事実を確かめる努力を怠《おこた》り、自分だけが正しいときめ込むことは、私にもありがちである。しかし、「顧みて他を言う」姿勢に学ぼうとは決して思わない。そういう言いのがれはすまいと普段から心掛けているからである。年が明けた一九九一年一月六日の社説末尾に、次のような訂正記事が出た。

「十二月二十七日付社説の中で『顧みて他を言う』とあるのは『自らを反省したうえで他

者にものを言う』の誤りでした。訂正します。『顧みて他を言う』（出典は『孟子』）とは、答えに窮したとき別なことを言ってごまかす、という意味です」

さすが、新聞社の顔、社説欄だけあっていさぎよい。「顧みて他を言う」ことなく、誤りを認めて訂正記事を出したのだから。

しかし、ワシントン少年がいくら立派だといっても、初めから桜の樹を切っていなければ、もっと立派だったはずである。まして少年ならぬ論説委員氏は、いさぎよさ以前に、桜の樹を切らないように十分注意すべきだった。

論説委員クラスでそうなのだから、並の記者の書く誤用は指摘すればきりがない。今度は産経新聞からも一例挙げておこうか。一九九二年十二月三日付夕刊の書評欄の記事である。

アルコール依存症治療に取り組む精神科医にインタビューした橋本明子記者は、こう書く。

「労働力の低下や事故、医療費など飲酒がらみの経済的ロスは、年間六兆六千億円、酒税の三倍にものぼるというのだ。もはや他人事、とおっとり刀で構えていられない」

橋本明子記者は、アルコール依存症が経済的にも深刻な問題になっているけれど、医療関係者はゆっくり昼寝でもしていろ、と言いたいのだろうか。なんだかわけがわからない。

「おっとり刀」と「おっとり構える」とでは意味が逆になることぐらい、桜の樹を切りたがる悪戯《いたずら》ざかりのガキだって知っている。それを、大新聞の記者、しかも書評欄担当記者が誤用する。その上、校閲部を素通りしてしまう。

ところで、産経新聞を含む大新聞では、記者の使うワープロには〝自主規制回路〟が組み込まれているという。差別語と烙印《らくいん》された言葉は、いくらキーを叩いても出て来ない。「片手落ち」も「盲縞《めくらじま》」も「貧民窟《くつ》」も「士農工商」も「土人」も、出力不可能である。校閲を効率よくするためだ。かくて、中学生並みの誤用誤文がまかり通る一方で、自動検閲装置が人間の思考力を奪ってゆく。

私の言う日本語の乱れとは、このことである。

私はあまりにも誇大な話をしているのだろうか。自分の力量を省みれば、そうかもしれない。しかし、仮にも思想に関わり、言葉を金《かね》に換えて生活している以上、思想と言葉に関心と矜持《きょうじ》を抱くのはむしろ責務だろう。『ヨハネ福音書』の冒頭の有名な一節「初めに言葉ありき」の「言葉」が、原ギリシャ語で「ロゴス」であることは偶然ではない。言葉と論理、言葉と思想が深くつながっていることを明示しているのだ。

『論語』子路《しろ》篇に、こんな話がある。

戦国期も近い春秋末期の衛《えい》の国は、政争が続き、社会秩序も大きく乱れていた。孔子の高弟の子路が「先生が衛に招かれて改革を委ねられたら、まず何をなさいますか」と尋ねた。不穏分子の排除が第一だとか、政争の仲裁をまず行なうとかの答えが返って来ると予想していた子路に、孔子はこう答える。

「必ずや名《な》を正さんか」

「名」というのは「言葉」である。ただ、それは個々の「単語」ではなく、「論理としての言葉」である。『ヨハネ福音書』の「言葉《ロゴス》」に近いと思えばよい。もっとも、後世、例えば日本で「真名《まな》（正式な文字。漢字）」「仮名《かな》（仮《かり》に使う文字。平仮名・片仮名）」という使い方をされるように、「名」は「文字」という意味にも広がる。しかし、もともとは一つ一つの事物や現象を分類して名づけ、秩序ある体系に組み立てる論理のことである。ここから「名分《めいぶん》」という熟語も生まれる。今では、本音《ほんね》に対する建て前という意味で「（大義）名分」が使われるけれど、本来は現実界を正しく秩序づけて認識する論理・規範の体系という意味だ。

さて、混乱する衛の国にまず必要なのは「名」であると答えた孔子は、一見迂遠《うえん》な「正名《せいめい》（名を正す）」が何故重要なのか、説明を加える。

「『名』が正しくなければ言論も順当でなく、言論が順当でなければ諸事はうまくゆかず、諸事がうまくゆかなければ文化も豊かにならず、文化が豊かでなければ法律も適切でなく、法律が適切でなければ民衆の日常生活にも支障が生じるのだ」

「名」とは、現代思想のキーワードに換言すれば、「パラダイム（思想の枠）」となるだろう。今まさに近代のパラダイムが混乱を見せ始めている。

本文にも書いておいた。ロシヤでは、福祉の充実と物価の安定を訴えてデモ行進する社会主義者・共産主義者が〝保守派〟、これを武力弾圧し共産主義者を投獄する人たちが〝革新派〟。日本とは正反対である。「おっとり刀」と「おっとり構える」と同じくらい正反対である。明らかに乱れた日本語である。それなのに、一度として訂正記事が出たことがないまま、新聞でも雑誌でも書籍でもテレビでも、使い続けられている。

この乱れは、単語の混乱ではない。「名」の混乱という意味で、根源的な言葉の乱れなのである。「保守」も「革新」も内容のない「名分」と化していることの表れなのだ。「名」の混乱、パラダイムの混乱なのである。

必ずや名を正さんか。

私が日本語の乱れを指摘するのは、孔子と同じ気持ちからである。私は「単語」を正したいのではない。「言葉《ロゴス》」を正したいのだ。

もちろん、人類史上最初の大思想家孔子に自分をなぞらえるほど、私は傲慢《ごうまん》ではない。才能、見識、人格、そのいずれにおいてもその万分の一にも及ぶまい。それ故、「名を正さん」の意気込みのわりに、本書はただの〝言葉雑学漫歩〟になってしまっているかもしれない。しかし、それでもいい。言葉と思想について、言葉と文化について、私がちらりとかいま見た面白さが、いくらかでも読者に伝われば、私の役目は十分果たせたことになるはずである。

あらためて言う。

必ずや名《ことば》を正さんか。

言葉につける薬

言葉の診察室①

世紀末のどこが終末か

一九八九年に始まった東欧社会主義の崩壊は、その二年後にはとうとうソ連消滅にまで及んだ。その余震は今も続き、世界中の目はロシヤから離れない。ロシヤの行く末が心配だからだ。しかし、ロシヤの行く末が心配なのは、誰よりもロシヤの民衆自身だろう。超高率のインフレ、失業、治安の悪化……。先行きは混沌《こんとん》としている。こうした状況におかれた不安心理の表れからか、ロシヤの民衆の間に占いや予言といった神秘主義が流行しているらしい。一九八九年十月十八日の朝日新聞の特派員記事はこの流行を紹介し、その終わりの方にこうあった。

「レニングラード（現在のサンクト・ペテルブルグ）のテレビの情報番組として人気のある『六〇〇秒』には、最近、『ブルガリアの女性の超能力者は、今年夏、世紀末が来ると予言したと聞いたが本当か』との手紙が相次いだ。このため、テレビ局がこの占い師のところまで取材に行」った。

私は、神秘主義なんてものは全く信じない人間であるが、たとえ何かのきっかけで信じるようになったとしても、「今年（一九八九年）夏、世紀末が来る」などという予言は絶対に信じない。どうまちがったって、一九八九年の夏に二十世紀が終わるはずがないからである。この特派員は「世紀末」と「終末」を混同しているのだ。

終末とは世の終わり、特に聖書の黙示録に記されたこの世の最後のことである。世界各地で飢饉《ききん》が起き大地震が起き戦争が起き、そして天使の軍隊と悪魔の軍隊がハルマゲドンの地で最終戦争を始める。これが終末である。その後にキリストが再臨し、地上に永遠の平和が訪れる。これがいつであるかは神学者の間にも議論があるが、世紀末とは関係がない。世紀末なら、人類は既に何回も体験してきたのだ。

世紀末に特別の意味を持たせる言い方もあるにはある。権威や道徳を冷笑する頽廃《たいはい》的・唯美主義的な文化という意味だ。十九世紀の後半にヨーロッパで流行した文化が権威や道徳に背を向けたものだったため、こう言われるようになった。ボードレールの詩、ユイスマンスの小説、ワイルドの戯曲、ビアズレーの絵が、そういった世紀末文化の代表である。むろん、頽廃的・唯美的な文化が流行することは、どの世紀末にも見られる現象ではない。たまたま十九世紀末にそういう現象があっただけのことだ。歴史年表を開いてみよう。例えば四世紀末は東西ローマ帝国分裂、六世紀末は隋《ずい》が興る、十二世紀末は鎌倉幕府開設、十五世紀末はコロンブスの大航海、十六世紀末はブルボン王朝始まる……。過去十九回の世紀末のうち頽廃的だったものはいくつもありはしないのである。「世紀末」と「終末」とでは字面《じづら》の印象が似ているため、とんでもない誤用がまかり通っているのだ。

ところで、最狭義の意味での世紀末の年、すなわちその年で世紀が終わる年というのは、何年なのだろうか。例えば二十世紀の最終年は、一九九九年なのだろうか、二〇〇〇年なのだろうか。時々まちがえられるのだが、一九九九年ではない。二十世紀が終わるのは、西暦二〇〇〇年の十二月三十一日の深夜、除夜の鐘が鳴る時である。というのは、西暦だろうが日本の元号だろうが、暦数には0年がないからだ。必ず、元年（一年）から始まる。その暦数を百年単位で区切るのが世紀なのだから、ちょうど百年目の年いっぱいまでがその世紀のうちということになる。従って、二〇〇〇年は二十世紀、二〇〇一年の元旦から二十一世紀である。A・C・クラーク原作のSF映画『二〇〇一年宇宙の旅』を思い出せばまちがうことはないだろう。

しかし、実はここにもう一つ困った問題がある。昨今頻繁に耳にする「九〇年代」だ。一九九〇年から九〇年代に入ってしまったような雰囲気なのである。だが、もしそうなら、二〇〇〇年はどうなるのか。先に言った通り、二〇〇〇年は二十世紀のうちである。では、二十世紀最後の十年間、すなわち九〇年代はいつからなのか。逆算すれば一九九一年からだとすぐわかる。もし一九九〇年から数え始めると九〇年代は十一年間あることになってしまう。これも暦数に〇年がなかったことの二千年目の順送りのしわよせなのである。さて、二〇〇〇年が近づく頃、マスコミはどう対処するのだろうか。

【補論】

我々は東西ローマ帝国の分裂は四世紀末のことだと認識しているが、当のローマ人にはそんな認識はない。西暦が制定されたのは五二五年、ローマにおいてである。従って、帝国分裂時の人たちは西暦そのものを知らないからである。

孔子の「可もなく不可もなく」

世の中、『論語』ブームだそうである。一年もしないうちに忘れられてしまう駄本・愚本より、古典を読むのはいいことだ。しかし、それでは一体どれだけの人が実際に『論語』を読み、その危険な魅力を味わっているのだろうか。おそらく、ほとんどの『論語』読みは、俗流解釈の小説版やマンガ版の『論語』しか読んでおらず、『論語』読みの『論語』知らずどころか、『論語』読まずの『論語』知りだろう。困ったものだ。きちんと『論語』を読んでみれば、そこに危険なまでの思想の魅力があふれていることがわかるだろう。とはいうものの、ここは『論語』の危険な魅力を紹介する場ではない。それは別の機会に譲るとして、これから書くのは、『論語』にある言葉で、今ではちがう意味に使われてしまっている言葉の話である。

可もなく不可もなく。よく聞く言葉だ。通知表に可もなく不可もなく、優と良ばかりの秀才のことを言う……わけではもちろんない。合格というほどでもなく、不合格にするほどでもない、ごく平凡、ごく当り前、という意味で使われる。例えば、お見合いの印象。「すごくいい男性というわけでもないし、まるでダメでもないし、可もなく不可もなくってとこね」という具合である。人物評以外にも、書評でも映画評でも、会社の企画会議などで案件を論議する時にも、このように使われている。

しかし、出典である『論語』微子《びし》篇では、意味がちがう。

「俗世を避けた逸民《いつみん》として名を残した人は、古人の伯夷《はくい》・叔斉《しゅくせい》・虞仲《ぐちゅう》・夷逸《いいつ》・朱張《しゅちょう》・柳下恵《りゅうかけい》・少連《しょうれん》の七人であった。これについて孔子先生は論評して言われた。志《こころざし》を曲げることなく、己《おのれ》の身を汚さなかったのは、伯夷と叔斉だね。柳下恵と少連は、志を全《まっと》うできず、身も汚すことになったが、それでも、言葉は道理にかない、行ないは思慮にかなっていた。虞仲と夷逸は、隠居して放言していたが、身は潔白で、世の捨て方もほどよいものだったのではないか。ところで、私自身はね、現在の世の中が濁世《じょくせ》ではあるけれども、必ずしも逸民になる気はないし（可もなく）、決して逸民にならないと言う気もないのだ（不可もなし）。どちらだと依怙地《いこじ》に決める気はないのだよ」

見なれない人名が七人も出てきた。しかも、そのうち一人は、孔子の評言で触れられてもいない。事績も伝わっていない人も多い。だが、とにかく、逸民とは乱れた世の中で禄《ろく》を食《は》むことを恥じて隠棲《いんせい》した人たちである。そういう生き方について、それぞれの人をそれぞれに評価するけれども、孔子は自分の態度としては、そう生きてもいいし、そう生きなくてもいい、と思うというのだ。これが「可もなく不可もなく」の原典の意味である。

現在の使われ方では、ある誰か・ある何かが「良くもないし悪くもない」という意味である。原典では、自分自身が「するとも決めずしないとも決めず」、進退をあらかじめ依怙地に考えないという意味なのだ。現在の方が状況分析的、原典の方が主体的、というちがいがある。

さて、先の訳文中の「隠居」「放言」は、全く原文のままである。「可もなく不可もなく」とちがって、ごく普通の二字熟語であるためか、かえって用法が変化していないのだ。「現役を引退したジャーナリストが田舎に隠居し、自費出版の同人誌でこれまでのしがらみにしばられない正論を放言する」というような文章は現代文としても少しもおかしくない。二千五百年の時を越え、日本と支那の民族のちがいを越え、同じ言葉が同じ意味のまま使われているのは、考えてみれば感動的でさえある。書き言葉は話し言葉より意味の固定性が強く、特に漢語は、日本に輸入されて書き言葉として使われるようになったため、意味が永続しているものの方がむしろ多い。しかし、単なる無知から来る誤読も時々目にする。それも高名な小説家の作品にだ。

井上靖のベストセラー『孔子』では、孔子の人となりを、人間の道に外れたことに対する怒りがこみ上げてくると食事も忘れるような人物、としている。これではただの癇癪《かんしゃく》持ちである。孔子は時には烈しく怒り時には大らかに笑ったが、別に癇癪持ちではなかった。井上が小説化した原文は、『論語』述而《じゅつじ》篇にある一章だ。それを読み下し文で紹介すると、こうである。

「その人となりや、憤《いきどお》りを発しては食を忘れ、楽しみて以って憂《うれ》いを忘れ、老いの将《まさ》に至らんとするを知らざるのみ」

その人となりは、学問に発憤《はっぷん》すると食事を忘れ、理想の道に生きる楽しみに憂いも忘れ、我が身が老いるのにも気づかない、という意味である。「憤りを発する」を「怒りがこみ上げる」とするのは明らかな誤読だ。原文では「発憤忘食」となっているからだ。もちろん、「発憤して勉強し、優秀な成績で卒業した」という時の「発憤」の語原である。

高名な小説家も意外に『論語』知らずである。

回るからこそ回路なのだ

　自分の文章をちょっと高尚そうに見せたいという欲求は、誰でも持っている。知的虚栄心であるのはわかっているけれど、ほどほどに飾り立てるのなら、別に悪いことではない。お洒落と同じようなものなのだ。ところが、中には、よく知りもしない外国語や学術用語で飾り立てる人がいる。これはあたかも、着こなしもできないのに、高級ブランドの洋服やアクセサリーをこれ見よがしに身につけているようなものである。

　このごろよく目にする言葉に「回路」がある。例えば、朝日新聞一九九〇年三月八日付夕刊の文化欄に、ある大学教授がこう書いている。

「かつてのように、富の分配をめぐる抗争ではなく、政党や労働組合の回路を経ない、新しい市民運動が広がっている」

回路というのは科学用語で、二つの分野で別の意味に使われる。電気・電子工学では「サーキットcircuit」、生物・生理学では「サイクルcycle」の訳語である。サーキットは、自動車レースのサーキットと同じだ。路《みち》が回《まわ》っているからサーキットである。同じように、電気の回る路、特に集積回路などコンピュータに使う回路をサーキットと言う。サイクルは、生体内で化学物質がA→B→C→Aと回りながら変化することを言う。どちらにしろ、回るからこそ回路なのである。引用した文章だと、市民運動が政党や労働組合の中でくるくる回っていることになる。正しくは「経路（径路）」、英語で言えばルートroute、もしくはチャンネルchannelである。現に、引用した文章では「政党や労働組合の回路を経ない」と、当人は「ルート」か「チャンネル」のつもりで書いている。

この誤用は、「経路」が「回路」と音感が似ており、さらに「迂回路（事故現場などの回り路）」という言葉まであるために、生じたものだろう。同時に、「回路」と言うと、もとが科学用語だけに、いかにも知的な雰囲気が出るからでもある。しかし、実は知的どころか、意味が通らない文章になっているのだ。

同じような例をもう一つ挙げてみよう。新聞の政治面の記事や政治家の演説などで「至上命題」という言葉が時々使われる。「新内閣の至上命題は平行線をたどる日米協議の結着である」というような使い方だ。

正しくは、これは「新内閣の至上命令」である。何はさて措《お》いてもまず実行しなければならない第一の命令、ということだ。誤用した記者たちは、「命題」を「命令」と「課題」の合成語だとでも思い込んでいるのだろうが、「至上命題」では意味を成さない。命題というのは、論理学の用語で、判断を整理して記述した形式のことであり、英語で言えば「プロポジション proposition」(提案、陳述)である。典型的には「AはBである」という文章をいう。例えば次の三つはどれも命題である。

●日本の通貨は円である。
●エリザベス女王は日本人である。
●東京タワーは富士山より高い。

なぜこの三例が命題か。どれも判断の陳述だからである。ただ、エリザベス女王の例と東京タワーの例は、まちがった判断である。すなわち、命題はただ判断であればよく、その真偽はいまだ問われていない。だから、命題には、真なる命題と偽なる命題があることになる。しかし、「至上命題」などというのは、真も偽もなく、単に全く意味不明の造語なのだ。

それでも、あえて「至上命題」というものを想定するなら、「任意の一点を通る直線を何本でも引くことができる」とか「平行線は無限遠の彼方で交差しない」とかいったものが「至上命題」だろう。これらはユークリッド幾何学の公理である。公理とは理論体系の根本にある仮定的な判断のことで、それは証明もできないし証明の必要もない。しかし、それを組み合わせていくつもの定理が導き出される。すなわち「至上」であるのだが、あくまでも仮定であるから、真偽はとりあえず問わない。とすると、これこそ「至上命題」であろう。新内閣の「至上命題」などというものがありうるとすれば、日米協議を平行線に終わらせないことではなく、平行線が無限遠の彼方で交差しないことなのである。

学術用語を日常用語に転用することは、必ずしも悪いことではない。それもまた豊かな言語表現の一つである。その際、ある程度の拡大解釈もあっていいだろう。しかし、平気で「労働組合の回路」だの「新内閣の至上命題」だのと言っている人に、女性向けファッション雑誌にあふれる意味不明の片仮名語を笑うことができるだろうか。

「至れり尽くせり」と日本人

「ホテルのサービスは至れり尽くせり」

新聞の観光広告にこんな文章があった。特に不自然にも思えない。辞書を引いてみても、誤った使い方ではない。どんな辞書にも、「至れり尽くせり」とはよく行き届いていることと書いてある。当ホテルのサービスはこまごましたところまで気配りがされ、よくできていますよ、という意味である。

「鈴木君の奥さんはよくできた女性でね、至れり尽くせりだよ」

こういう言い方もしばしば耳にする。やはり、不自然でもないし、誤用とも見えない。

しかし、「至れり尽くせり」の本来の意味はちがうのである。本《もと》になる出典を二例挙げてみる。

年代順に行くと、まず第一が『荘子《そうじ》』斉物論篇《せいぶつろん》。荘子は曾子と区別するために慣例として「そうじ」と読む。今から約二千三百年前の支那の思想家で、「無の哲学」を説いた。同名の『荘子』はその著作である。

「古《いにしえ》の賢人には、その明智が究極的に行きついた境地があった。どんな境地に至りついたのか。それは、そもそもはじめから物などないとする無の境地である。この境地は、至りつく究極なのであり（至れり）、すべてが尽くされており（尽くせり）、もう何もつけ加えるべきものはない」

つまり、「至れり尽くせり」とは、至上であり、もうそれにすべてが尽きているような物事・現象を意味する言葉である。

第二に挙げる出典は、『中庸《ちゅうよう》』の序。『中庸』は四書五経の一つ。儒教の基本書だが、十二世紀宋《そう》朝の思想家朱子が注釈をほどこした。それが序である。そこに、こうある。

「古代の聖王堯《ぎょう》の『まことにその中《ちゅう》をとれ』という言葉は、至高のものであり（至れり）、すべての真理はこれに尽きている（尽くせり）」

ここでも、至上であり、それにすべてが尽きている物事・現象のことである。

さて、そうすると、支那古典で使われている「至れり尽くせり」と現代日本で日常的に使われている「至れり尽くせり」とは、半分ほどは意味が通じ合い、半分ほどは意味が通じ合っていないことがわかるはずだ。「至れり」が「至上・至高」である点は通じ合う。例文で言えば、当ホテルのサービスは最高級のものであるということであり、鈴木君の奥さんは女性として最高だということである。

意味が合わないのは「尽くせり」の方だ。支那古典では、これに尽きるという意味である。だから、こういう用例も成り立ちうる。

●東京大学は至れり尽くせりである

東大は最高ランクの大学であり、大学ならこれに尽きる——となるはずだが、現代日本人はそう受けとらない。東京大学は学生の面倒見がよく、図書館も食堂も寮もよくととのっているし、就職の世話もよくしてくれる、という意味にとるだろう。

●風呂上がりには冷えたビールで至れり尽くせりだ

風呂上がりにはビールが最高で、これに尽きる——となるはずだが、これも、風呂上がりに冷えたビールが出るとはよく気が利く、というようにとられるだろう。

なぜ、こうなるのだろうか。それは「尽くす」の印象によるものだろう。現代日本人は、「尽くす」というと反射的に「相手に尽くす」ことを思い浮かべる。「至れり尽くせり」もほとんどサービスに関することを表現する時に使われている。これはどこか演歌の世界につながっているような気がする。古典に出てくる成句は、時代や民族によって少しずつ受け取り方がちがってくる。逆に言えば、成句の解釈に時代精神や民族性が反映していることになる。それにしても、これほどわかりやすい形で日本人のメンタリティが反映した成句解釈も珍しいのではないだろうか。

大山鳴動に鱗が落ちる

海外出張などで長期間外国に滞在して日本へ帰って来た人が、しみじみと日本を実感するのは、どんな時だろうか。あるアンケートによると、白菜の漬け物でごはんを食べた時だという。まるで日本国の象徴が白菜の漬け物であるみたいだ。

それはともかく、この話は別の意味でも奇妙な話である。なぜならば、明治の中頃まで日本では白菜を食う習慣はほとんどなかったからである。白菜は、日清戦争（一八九四・明治二十七年）前後に支那から持ち込まれて広まった野菜なのだ。あたかも現代の青梗菜《チンゲンサイ》や空芯菜《クウシンサイ》のようなものだと思えばいい。白菜は外来野菜なのである。それなのに、まるで日本的だと思われてしまっている。安易に使われがちな「日本的」という言葉があまりあてにならないことをこの話は物語っている。

諺《ことわざ》にも、これとよく似た例がある。

新聞や雑誌で「泰山《たいざん》鳴動して鼠《ねずみ》一匹」という諺をよく目にする。大騒ぎしたわりに、結果がつまらなかったことをいう諺だ。いかにも大昔から日本にありそうな感じがする。もちろん、日本といっても日本土着ではなく、支那の古典、まあ『十八史略』あたりにあった言葉が日本に入って来たんじゃないか、などと思ったりしがちである。しかし、これは全くのまちがいなのだ。

「泰山鳴動して鼠一匹」は、そもそも「大山鳴動して鼠一匹」が正しいのだし、日本では明治以後に使われるようになった諺なのである。その証拠に、「大山」だろうが「泰山」だろうが、明治以前の日本古典中にこの諺は見当たらないし、支那古典中にもやはり見当たらない。

では正しい出典は何かというと、紀元前一世紀ローマの諷刺《ふうし》詩人ホラチウスの『詩の技法』である。ここに「無能な詩人が大言壮語したって、実際に出来る詩は大山鳴動して鼠一匹で、前宣伝が大きいわりにつまらないものである」と出ている。

このホラチウスの詩がどのような経路で日本語に定着したのかは、よくわからない。明治期の日本に、ホラチウスを読むほど古代ローマ語＝ラテン語が堪能な人が多かったとは思えない。おそらく、英語の小説などに引用されていたホラチウスの言葉を知った知識人たちが使い始め、やがて、気の利いた諺として広く使われるようになったのだろう。とうとう今では、支那古典から日本に入った諺だと思う人が多いまでになった。

泰山というのは、支那山東省にある名山である。名山といっても、高さは一五四五メートルしかない。八千メートルを超える世界最高峰チョモランマ（エベレスト）がある国だ。その五分の一もない山なのに名山とは納得できない気がするが、要はどれだけ文化的な意味があったかなのである。泰山は古代から神聖な山として信仰の対象となり、歴代の皇帝が祭事を行なった。山麓《さんろく》から頂上まで、寺院などの名所旧跡も豊富である。そのため、さほど高い山でもないのに、支那第一の名山として日本にも広く知られるようになった。その上、第一の名山であることから転じて、偉大なる山、大いなる山、という一般名詞として使われる用例も出てきた。「泰」という字がゆったりとした大らかさを表すことも、これに影響したのだろう。「大山鳴動」を「泰山鳴動」と書いても、支那の泰山と無関係であることさえ承知していれば、用字としては誤用とは言えないのである。もっとも、「泰山鳴動」と書く人の大部分は、これを支那の泰山のことだと思っているはずだが。

ともあれ、語調やイメージから日本的・東洋的だと思われているこの諺の歴史が、日本ではわずか一世紀あまりしかないのだ。

同じようなものに聖書を出典とする諺がある。聖書も日本で読まれるようになったのはこの一世紀あまりのことだが、その中の言葉には、すっかり日本語として定着し、日本古来の諺のようになっているものがある。

「笛吹けど踊らず」は『マタイ福音書』(11・17)に出てくる言葉だ。予言者(英pro・phet 予《あらかじ》め言う者)であるバプテスマのヨハネやイエスが神の教えを説いても、これに従おうとしない民衆をイエス自身が怒り嘆いた言葉である。

「目から鱗《うろこ》が落ちる」も、いかにも古くから民衆の間に伝わった諺のようだが、『使徒《しと》行伝《ぎょうでん》』(9・18)に出てくる言葉だから、これも明治以後使われるようになったものだ。後には熱心なキリスト教徒となるパウロは、初め、キリスト教の弾圧者としてイエスの弟子たちを次々に逮捕投獄していた。このため、神罰が下り、一時的に盲目となる。しかし、イエスの弟子がパウロのもとに遣《つか》わされると、その目から「鱗のようなものが落ちて」、また目が見えるようになった。これを機にパウロは回心する。

意外な出典に、それこそ目から鱗である。

テレビと映画

漢字は表意文字である。一字一字が意味を持っている。だから、これをいくつか組み合わせて自由に言葉を作ることができる。例えば、「水」を本《もと》にして、「水圧」「水門」「水路」「断水」「冷水」「浄水器」というように、言葉は次々に作れる。

一方、欧米で使われているアルファベットは表音文字である。一字一字には意味がない。だから、これを二つや三つ組み合わせても言葉はできないことが多い。複合語を作ろうとすると、既にある言葉を組み合わせるから、どうしても長い言葉になる。そのために、頭文字を並べた略号が使われるけれど、アルファベットは英語では二十六文字しかないから同じようなものが頻出してまぎらわしくなる。アルファベットは憶えるのは簡単だが、応用がききにくく、漢字は憶えるのは面倒だが後の応用が広く利く、と言えよう。その応用の一つが、漢字を組み合わせて言葉を作れることである。これを漢字の「造語能力」と言う。これについて、言語学者の鈴木孝夫が面白い話を紹介している。

日本人なら、「猿人」という言葉を初めて見た場合、特別に人類の進化についての知識がない人でも、原始時代にいた猿に近い人間のことだろうとわかる。「えんじん」が「猿」「人」の組み合わせだから、漠然とではあるが意味が理解できるのだ。ところが、欧米では、大学教授たちの集まりでさえ、Pithecanthropus（猿人）という言葉がわかる人は少ない。pithec（猿）＋anthropus（人）という組み合わせなのに、これがギリシャ・ラテン語起原の古典語なので、「猿に近い人間」という意味が読み取れないのだ、という。日本では、漢字によって古典語の勉強も自然にしていることになる。

漢字の造語能力は、明治期、欧米から入ってくる新しい文物に日本名をつける時、大いに発揮された。ギリシャ語の「遠い」を意味する tele を頭につけた言葉は、全部「電―」という言葉になった。どれも電気で作動させるからである。

●電信　telegraph：graph は「描」。直訳すれば「遠描」となるところだろう。「電信」の「信」はたよりという意味である。

●電報　telegram：gram は「書」。直訳すれば「遠書」だろう。「電報」の「報」はしらせという意味である。

●電話 telephone：phone は「音」。直訳すれば「遠音」だろう。

例外もいくつかある。

telescope は「電鏡」ではなく、「望遠鏡」である。scope は「眼鏡」だから、これは直訳と言っていい。望遠鏡が日本に入ってきたのは江戸時代だったから、「電信」「電報」「電話」とは訳語のしくみがちがうのだろう。和語では「遠眼鏡《とおめがね》」と言った。「望遠鏡」はその漢語表現でもある。もっとも、望遠鏡は電気を使うものではないので、「電鏡」では意味が通らない。

もう一つは「テレビ」である。原語では television だ。vision は「幻影・視覚」だから「電影」とか「電視」となってもよかった。しかし、入ってきたのが戦後であり、欧米語そのままの語感が好まれる風潮もあり、訳語を作らないまま原語を日本語風に省略した外来語として定着した。

漢字を古典時代から使い続けている点では、もちろん支那が本家である。字体は、現在の簡体字（略字）に至るまで少しずつ変化はあるが、漢字を使うという基本は変わっていない。支那でも、外国からの新しい文物の名前には、漢字の造語能力が生かされる。その支那では、「テレビ」は「電視」である。もっとも、表音文字を持たない支那人にとって、固有名詞以外は漢字に翻訳するよりしかたがない。面白いことに、支那では「映画」が「電影」である。「電影」から「電視」が作られたのだろうか。

「映画」は、日本では以前「活動写真」と言った。レトロな雰囲気がいいというので、今でも時々使われる言葉だ。しかし、本来、これはレトロでも何でもない。単なる直訳語だ。原語ではmoving picture「活動する写真」である。この略称がmovieだから、日本語でも「活動」と略された。今でも、普通の写真を映画と区別する時に「スチル写真」と呼ぶことがある。「活動写真」に対して「静止still写真」と呼んでいるわけだ。

今、我々は映画と写真とをずいぶん離れたもののように思っている。しかし、写真に使うフィルムが幅三十五ミリであるのは、映画用フィルムを流用したことに由来している。フィルムを送るために歯車に噛ませる上下の穴も、映画用フィルムの穴が流用されている。これはドイツのカメラ会社ライカが考案したことで、それまでは、写真はガラス製の湿板や乾板に像を写すものが主流であった。意外なことに、薄い合成樹脂製のフィルムに像を写すことに関しては、映画の方が静止写真よりもむしろ兄貴格なのである。工業技術上も「活動写真」と「静止写真」は兄弟なのだ。

「女子と小人」と女子供

『論語』ブームについては前にも書いたが、ブームを支えているのは、人生読本や経営読本として『論語』を読む人たちらしい。支那・朝鮮・ベトナムそして日本で、千年二千年と知識人に読み継がれてきた思想書が、そんなお手軽なハウツー本であるはずがない。あらゆる思想書は危険な書物であり、『論語』も当然危険な魅力を秘めているのだ。

そうは言うものの、古典への関心が高まること自体は悪いことではない。というのは、古典はしばしば敬遠されたり誤解されたりしがちであり、『論語』もその例外ではないからだ。ともかくも親しまれるきっかけが大切だと言えよう。ここでも、よく誤解されている一句の正しい意味を紹介しておこう。

『論語』第十七篇陽貨《ようか》篇に「女子と小人は養い難し」という言葉が出てくる。「養い難し」

とは、養育困難という意味ではなく、扱いにくいという意味である。普通、女子供は扱いにくい、というふうに理解されている。これに続いて、次のような文章があることも、それを助長している。「これを近づくればすなわち不孫（遜）、これを遠ざくればすなわち怨《うら》む」。やさしくすればつけ上がるし、相手にしなければ怨まれる、いやはや、女と子供は扱いにくいものだ……と。

なんとなく意味が通じるから始末に悪い。『論語』はこのように女性蔑視《べっし》だという認識が成立してしまう。だが、本当にそうなのだろうか。

先まわりして言っておくと、もちろん、『論語』全体の中に女性の権利擁護の思想が見られるわけではない。二千五百年前の支那社会に男尊女卑思想がある以上、『論語』にその反映がないはずがない。ただ、当時の社会通念以上の女性蔑視はなかった。そもそも、社会通念として女性蔑視があるからには、ことあらためて、女子供は始末におえぬなどと言う必要もないはずである。

「女子と小人は養い難し」を正しく解く鍵は「小人」にある。「小人」と並列させて「女子」があるのだ。とすれば、この二つは同格のものだろう。全然ちがうものを並列させることはないからである。

さて、この「小人」という言葉だが、三つの読み方ができる。

①こびと
②しょうにん
③しょうじん

この三通りである。これを「女子」と組み合わせてみよう。

初めの「こびと」だと、どうなるか。「女子とこびと」。これではプロレスである。この組み合わせは明らかにおかしい。

次の「しょうにん」だと、どうか。「小人《しょうにん》」とは、時々見る言葉だ。銭湯や映画館や駅の入口の料金表に書いてある。大人《だいにん》いくら、中人《ちゅうにん》いくら、小人いくら、と。その「小人」なら小学生以下の子供という意味である。日常的に見かけるこの用法が頭にあると、「女子と小人」が「女と子供」と読めてしまうのである。そして、とかく女子供は……、という解釈が生まれることになる。

しかし、『論語』の中で「小人」を「子供」の意味で使った用例は一つもない。三番目の読み方「しょうじん」ばかりである。

では、「小人《しょうじん》」とは何か。この言葉は前後の文脈によって少しずつ意味がちがうが、だいたい、下劣な人間、無教養な人、庶民、という三つの意味で使われる。「女子と小人」の場合は、庶民、とりわけ下男など下級の使用人という意味である。そうすると、おのずと「女子」も「男子」に対応する「女性一般」ではないことになる。下男と並列されるべきは下女なのである。

すなわち、「女子と小人は養い難し」とは「下女や下男は扱いにくい」ということで、続く文章は「甘くしすぎても見くびられるし、厳しくしすぎても怨まれる」となる。人の上に立つ者の心構えを説いたのだと考えれば現代人にも納得できるし、また確かにこの章は、人生読本や経営読本ではある。

あちらでもこちらでもペレストロイカ

一九九一年のソ連崩壊に先立って行なわれた経済改革が「ペレストロイカ」である。ゴルバチョフ大統領の特徴ある顔とともに、日本でもすっかりおなじみになった。しかし、この言葉の成り立ちについて誤解している人はかなり多い。「ペレス・トロイカ」だと思っているのだ。快走する馬橇《うまぞり》のように改革を進めるという意味じゃないか。そんな印象をこの言葉から受けるらしい。

この誤解の原因は、日本人がロシヤ語になじみがないからだろう。英・仏・独語などとはずいぶん形のちがうアルファベットを使う言語だから、なじみのある単語と言えば、ロシヤ民謡で有名な馬橇のトロイカぐらい。それに引きずられて、こういう誤解が生じるようだ。しかし、ロシヤ語は文字こそ西欧諸国と少しちがってはいるけれど、言語そのものの基本的構造はヨーロッパ系である。あの独特の文字をいったん忘れて、音だけで考えるとかえってわかりやすい。

ペレストロイカは「ペレ・ストロイカ」。ストロイカは、英語で言えばストラクチャー、すなわち構成・構築である。ペレは反覆を表す接頭語で、英語のre-に当たる。ペレ・ストロイカで再構築、行きづまった経済を建てなおそうという意味だ。現在日本でも、国際環境の変化に対応した企業再編成が叫ばれているが、これはリストラクチャー、時に略してリストラと言われる。これは「リ・ストラクチャー」だから、「ペレ・ストロイカ」と全く同じなのである。体制の異なる国で時を同じくして同じことが叫ばれるのが面白い。ちなみに言うと、トロイカは三頭立ての馬車や馬橇のことで、三を表すtriから来ている。英語のトリオ（三人組）と同系の言葉だ。

ペレストロイカを「ペレス・トロイカ」と誤解するような例は、他にもある。やはり、自分の知っている言葉のリズム感で読んでしまうのだ。

ロシヤに関係する例をもう一つ挙げてみよう。

日本海に面し、日本とも歴史的つながりの深い港湾都市ウラジオストック。これを「ウラジオ・ストック」だと思っている人が多いのである。港町であることから、「浦」や

「塩」を連想し、さらに、英語の「ストック（在庫）」から、埠頭《ふとう》に立ち並ぶ倉庫を思い浮かべるのだろう。実際に、ウラジオストックを漢字表記する時は「浦塩斯徳」と書くことが慣例となっている。しかし、これはかなり無理な当て字だ。フランスを「仏蘭西」と書き、イギリスを「英吉利」と書くのは、漢字文化圏に属する人なら日本人でも支那人でも朝鮮人でも読めるからいいけれど、「浦塩斯徳」では日本人にしか通用しない。まるで、駄洒落《だじゃれ》のような当て字だ。

「ウラジオストック」の正しい区切り方は「ウラジ・オストック」である。「オストック」は「ウォストーク」の方が原音に近い。一九六一年、ガガーリン少佐の乗った人類最初の有人人工衛星が打ち上げられた。その名前が「ウォストーク（東方）」だった。日本のマスコミでは「ウォストーク」とも「ヴォストーク」とも「ボストーク」とも報道したが、v音の表記だから、どれでも誤りではない。「ウラジ」は支配・領有を意味する。そうすると「ウラジ・オストック」で、「東方支配」の拠点都市ということになる。「ウラジオストック」はロシヤの東進政策のシンボルなのであり、「浦塩斯徳」などというのどかな当て字はこの意味でもおかしいと言える。

ロシヤ語以外にも同じような例はある。

中米カリブ海の島プエルトリコ。これを「プエル・トリコ」だと思っている人が多い。トルコからの連想だろうが、これはスペイン語だから、トルコでは全然方角ちがいだ。正しくは「プエルト・リコ」。プエルトは、英語のポート、港である。リコは、英語のリッチ、豊かなという意味だ。「プエルト・リコ」で豊かな港ということになる。

英語なら日本人にはなじみがあるはずだが、その英語にも同じような例がある。やはり地名である。

アメリカ東部のペンシルバニア州を鉛筆の発祥の地だとか鉛筆が主な産業になっている州だとか思い込んでいる人も多い。ペンシル pencil と関係づけるからだろう。しかし、これは「ペン・シルバニア Pennsylvania」で、言語の綴《つづ》りも鉛筆とは無関係である。この意味は、十七世紀の開拓者・政治家のウィリアム・ペンにちなむ「ペンの森」なのだ。「弁慶ギナタ」という言葉がある。「弁慶がなぎなたを持って」という文章を「弁慶がな、ぎなたを持って」と読む読み方を笑ったものだ。その外国語版の話である。

登龍門はどこにある

前回は、旧ソ連の経済再編成ペレストロイカは「ペレス・トロイカ」か「ペレ・ストロイカ」かという話を書いた。後者が正しいのだが、既知の言葉や日本語の語感につい引きずられて区切ってしまいがちである。意外なことに、こうした誤りは欧米語だけでなく、日本語化した漢字熟語にも時々生じる。

登龍門という言葉もその一つである。「芥川賞は文壇への登龍門である」という用法をよく目にする。あたかも「登龍・門（登龍という名の門）」がどこかにあるみたいだ。正しくは「登・龍門（龍門に登る）」である。

龍門というのは、支那黄河の上流にある急流だ。この急流を上り得た鯉は龍と化すという伝説があり、立身出世の関門に譬《たと》えられる。「登龍門」は、その関門を通り抜けることなのである。先の用例でいうと、確かに芥川賞は文壇で活躍するための関門になっているのだから、次のような対応関係がある。

芥川賞		受賞する
＝	を	＝
龍　門		登　る

そうすると、先の例文は厳密には「芥川賞は文壇への龍門である」とするか「芥川賞の受賞は文壇への登龍門である」としなければいけないことになる。

では、どうしてこういう誤用が広く行なわれるようになったのか。一つには、縁起ものの掛け軸などで「登り龍」になじみがあり、「登り龍の門」という連想が働いたからだろう。もう一つには、日本語と支那語では動詞と目的語の順序が逆だからだ。日本人はこういう語順のちがう支那語を「漢文」として読むために、返り点を発明した。「登㆑龍門㆒」という例のやつである。しかし、熟語として広く使われるようになり、文字通り日本語として熟した語になってくると、本来の区切り方が忘れられてしまうのだ。

「登龍門」と同じように、日本語の語感に引きずられて誤った区切り方が優勢になっている例は他にもある。「失楽園」だ。

「失楽園」は十七世紀イギリスの詩人J・ミルトンの長篇叙事詩で、アダムとイブが神に背《そむ》いて原罪を犯し、エデンの楽園から追放された、という旧約聖書の神話をテーマにしている。原題は“Paradise Lost”だから、最近では「楽園喪失」と訳されることが多い。こちらの方が誤解を生じにくい良い訳語だ。というのは、「失楽園」を「失楽・園」と区切ると思っている人がかなりいるからである。「楽園を失う」のだから正しくは「失・楽園」のはずである。

この誤解の原因も「登龍門」と同じだ。第一には、日本の公園では、後楽園とか偕楽園という名前のものがよく知られている。「失楽・園」という公園があってもよさそうな気がするのだ。第二には「失・楽園（楽園を失う）」という語順が本来の日本語にはなかったからである。ちなみに言うと、後楽園は、殿様が民衆の後で楽しむ公園で「後楽・園」、偕楽園は、殿様が民衆と偕《とも》に楽しむ公園で「偕楽・園」である。

「失楽園」には続篇がある。アダムとイブが犯した原罪の償《つぐな》いをイエスが果たし、これによって人間に救いが訪れるという、新約聖書の思想をテーマにした「復楽園」だ。原題は“Paradise Regained”で、これも現在は「楽園回復」と訳されることが多い。理由は説明を要しまい。

「登龍門」「失楽園」「復楽園」が正しく区切られなくなった背景には、漢文の素養のない人がふえたこともあるだろう。

盲人の目となって活躍する「盲導犬」もおかしい気がしないでもない。本来なら、盲人を導く犬だから「導㆑盲犬」が正しいはずだ。しかし、これでは「獰猛犬」を連想してしまう。もっとも、「導犬」の中の盲人用の犬と考えて「盲導犬」と解釈すればおかしくはない。結局、「盲導犬」として定着している。

最近では、聾唖《ろうあ》者の耳の代わりをする犬も出てきた。これを「聴導犬」と言う。「盲導犬」との対比で名づけるなら「聾導犬」とすべきだろう。しかし、これも「労働犬」とまちがいやすいためか、あるいは「聾」が漢字制限で使えないためか、「聴導犬」として定着しつつある。聴力に関する「導犬」と考えれば、やはりこれもおかしくはない。

「登龍門」のような背後に故事や原典がある場合でなければ、漢字の組み合わせや解釈はかなり自由でいいのではないだろうか。

ラシャメンと異類婚譚

冬の防寒着として皮革製品が広く用いられるようになった。皮ジャンパーや皮コートがこんなに広まったのは、一九八〇年代に入ってからのことである。円高の影響で皮革衣類が安くなったからだ。特にムートンのコートは学生などの若い人たちに愛好され、大学キャンパスや盛り場などは、羊の群である。

さて、このムートン、羊肉のマトンと同系語である。ムートン mouton はフランス語、マトン mutton は英語、綴《つづ》りからもこれが同系語であることがすぐわかる。羊が衣料用にも食用にも大いに役立っていることがよくわかるだろう。

そのため羊は古くから世界各地で飼育されてきた。しかし、牧畜文化を持たない日本では、明治になるまで本格的な飼育はなかった。羊を殺してその肉を食ったり毛皮を衣料にすることはもちろん、羊を殺さないで羊毛だけを刈りとり毛織物や毛糸にすることもなかった。それでも、十六世紀の南蛮人（ポルトガル人）の渡来によって、毛織物は少しずつ知られるようになった。中でもラシャは特に珍重されたという。普通の布ならば、麻や絹でも同じようなものができる。しかし、厚手でふかふかしたラシャは羊毛ならではのものだ。大名や武将たちの陣羽織に使われる高価な輸入品であった。ラシャはポルトガル語のraxaに由来している。

以上は前置きで、これからが本題である。ラシャメンという言葉がある。人を卑《いや》しめて言う言葉だから、あまり上品ではない。漢字では「洋妾」という字を当てる。すなわち、西洋人の妾《めかけ》という意味で、多分に差別的な色合いがある。同時に、この差別感には、豊かな西洋の物資にとり囲まれて生活している同胞の女へのねたみも反映している。昨今では日本が経済大国になったおかげで、ラシャメンという屈折した言葉は聞かれなくなった。それでも、意味はたいていの人が知っている。ところで、それなら、西洋人の妾のことをなぜラシャメンと言うのか。これは知らない人が多い。

ラシャメンとは、ラシャを作るための綿羊（「緬羊」とも書く）ということである。南蛮人たちは航海に出る時船に綿羊を乗せ、女の代わりにこれを犯した。そのため、南蛮人の性欲のはけ口になっている綿羊のような女という蔑《さげす》みの意味を込めて、ラシャメンという言葉が作られたのだ。この語原説は、なんと『広辞苑』にも出ている。

もっとも、『広辞苑』にも南蛮人のこの風習は俗説であると書いてあり、本当かどうかさだかではない。が、娼婦《しょうふ》を買えない貧しい農夫たちが女の代わりに羊を犯すという話がヨーロッパ各地に伝わっている。全く根拠がないわけではないのだろう。ともかく、犯されるわ食われるわ着られるわ、羊にとってはいい迷惑である。

日本でも漁師や船乗りが動物を犯すという話は伝わっているが、羊を飼う習慣がなかったので、〝被害〟に遭ったのは羊ではない。魚の鱏《えい》である。鱏の生殖器が人間の女性性器に似ているかららしい。

江戸時代の随筆集『奇異雑談集《きいぞうだんしゅう》』（岩波文庫『江戸怪談集』所収）に、こんな話がある。

応仁の乱の頃、ある僧が伊勢の漁村に行った。そこに小さな庵《いおり》があったので休んでいると、庵の主《あるじ》が出てきて茶をすすめてくれる。茶を持ってきたのは異形の小僧である。主は、この小僧の出生の秘密を語ってくれた。

この漁村に一人の漁師がいた。ある時、彼は大きな鱏を釣り上げ、家へ持って帰った。ところが、あお向けに置いた鱏の生殖器がひくひく動く様子は、まるで人間の女のようである。思わずこれを犯したが、確かに女の通りであった。そのためか、漁師に憐《あわれ》みの情が湧き、海へ持っていって逃がしてやった。鱏は嬉しそうに海底へ帰っていった。やがて十箇月が過ぎた頃、夢の中に鱏が出てきた。あなたの子供を生みました、磯の岩陰に置いてあります、と言う。夢からさめて海辺へ行くと、はたして赤児がいる。その子が長じて、この庵に預けられたのである……。

鱏を犯す話は他でも読んだことがあるので、全国に似たような話が伝わっている可能性もある。羊を犯し、鱏を犯し、まあ、人間というものはとんでもないことをするものだ。他の生物に一番迷惑をかけている生物は人間だと言われるが、確かにそうである。

鉄唖鈴の悲鳴

日本語の表記法は、表意文字と表音文字を混用する漢字仮名交じり文である。この表記法は、以前は煩雑《はんざつ》さだけが指摘されがちだったのだが、最近では文章に自然と区切りができることなどの利点が注目されるようになってきた。さらに日本語には表音文字にも二種類の文字が使われている。平仮名と片仮名である。この二種類の表音文字も混用されている。現代では、地の文の場合が平仮名、外来語・擬音語・強調語などの地の文から浮かび上がらせたい場合が片仮名、というふうに使い分けるのが原則だ。漢字、平仮名、片仮名、この三種類の文字を上手く使い分けると、書き手の意図や感情がよく伝わる文章になる。逆に、使い分けが下手だと、嫌味な文章や品のない文章になる。それどころか、不正確な文章にさえなってしまうことがある。

ある女性雑誌でこんな文章を目にした。

「鉄アレーを使って筋力アップ」

女性も身体を鍛えようという記事だ。「筋力向上」を「筋力アップ」と中途半端な英語で書くことに抵抗も感じるが、女性誌のこの種の記事では許容範囲だろう。いちいち目くじらを立てるほどでもあるまい。問題なのは「鉄アレー」である。「アレー」じゃ時代劇の女の悲鳴だ。

では、どう書くべきか。

よく目にするのが「鉄アレイ」である。これはどうか。「鉄アレー」よりいいようだが、これもよくない。意味が通じないからだ。「アレイ」って何だろう。合金のことを英語でアロイalloyと言うが、これが訛《なま》ったものだろうか。しかし、あんなものをなにもわざわざ合金で作る必要もない。見当ちがいである。片仮名で書くから、外国語に語原を求めてしまうのだ。

女性誌よりはお堅い新聞などでは「鉄亜鈴」と書くことがある。「鉄アレイ」より少しましだが、これでもまだよくない。「亜」は「亜流」の「亜」で、二番目の、とか、よく似た、という意味だ。鉄製の大きな鈴のようなもの、鈴に似て鈴にあらざるもの、それが

「鉄亜鈴」ということになる。しかし、これも語原ではない。

正しくは、「鉄唖鈴」である。「唖」は「聾唖者」の「唖」で、おしのこと。おしは口がきけないので、口に似て口にあらずという意味で口に亞（亜）と書く。すなわち、鉄唖鈴とは、鉄製の音がしない鈴ということなのだ。

なぜ、これが正しい語原だと言えるのか。実は、鉄唖鈴は英語のダンベル dumb bell の訳語なのだ。dumb は、おしである。ついでに言うと、重量挙げに使うもっと大きくて重いバーベルは barbell で、棒 bar の両端に鈴状の鉄塊をつけたもの、という意味だ。「鉄唖鈴」がなぜ「鉄亜鈴」になったのか。一つには、言葉の意味を無視した漢字制限のためである。当用漢字・常用漢字に「唖」がないので無理矢理「亜」で代用させたのだ。もう一つには、サベツ用語問題もあるだろう。「おし」はサベツだというわけだが、もとが dumb なのである。言葉狩りの愚劣さが、ここにもある。「鉄唖鈴」から「鉄亜鈴」になって本来の意味がわからなくなり、あとは「鉄アレイ」から「鉄アレー」まで一直線だ。

ところで、筋力アップには鉄唖鈴による鍛練のほかに、栄養のバランスにも気をつけなければならないだろう。カロリーが高いものは控え目にし、筋肉になりやすいものを多めに摂《と》るようにした方がいい。それは蛋白質《たんぱく》である。

この「蛋白質」も「タンパク質」と書いたものをよく目にする。三大栄養素を「でんぷん、タンパク質、脂肪」などと表記した文章を新聞の家庭欄で見たことがある。「蛋白質」だけが何故片仮名表記なのか理由がわからない。「蛋」が漢字制限で使えないから片仮名にしたというのなら、「澱粉」も「デンプン」としなければなるまい。記者は何の考えもなく、誰かの真似で片仮名表記をしているのだろう。

「蛋白質」の蛋は卵という意味である。従って、「蛋白」とは「卵白」であり、卵の白身のことである。卵の白身は、水分以外はほとんど蛋白質だから、まさに「蛋白質」なのである。表意文字である漢字の利点はこんなところにこそあるはずだ。

魔法瓶を「マホービン」と書くのも感心しない。画数の多い漢字を嫌うのなら平仮名で「まほうびん」と書くか、地の文から浮き上がらせたいのなら片仮名の「マホウビン」にすべきだろう。同様に、蠟燭を「ローソク」と書くのもよくない。蠟燭をムードを盛り上げるための小道具としてしか知らない若者たちは、外来語だと思ってしまう。海里を新聞などが「カイリ」と書くのも理解に苦しむ。sea mile の訳語なのだから「海里」としか書きようがないはずだし、この方が意味もよく通る。漢字・平仮名・片仮名は適切に使ってこそ、その真価が正しく発揮できるのである。

龍頭と飛龍頭

前回と似た例を紹介してみよう。漢字で書けば意味がわかりやすいのに、なぜか片仮名で書く風潮が広まり、そのために外来語だと思う人が多くなった言葉だ。「リューズ」である。腕時計のねじを巻いたり針を合わせたりする時に指でつまむ突起物のことだ。新聞や雑誌で時計の広告記事を見ると、これを「リューズ」と表記した文章が目につく。「リュウズ」と表記した例も時々ある。ともに片仮名書きなので外来語のように見えるが、正しくは漢字で「龍頭」だ。

龍頭とは何かと言うと、文字通り龍の頭のことである。すべり止めの刻みがついており、でこぼこした感じがいかにも龍の頭を思わせる。だから「龍頭」なのだと憶えておけば、一応まちがいではない。

だが、詳しく言うと、これでは不十分である。

時計は幕末に西洋から入ってきた。しかし、龍頭という言葉も物も、それ以前からあった。寺などにある吊《つ》り鐘の上部に、穴のあいた突起物がついている。ここに縄を通して梁《はり》から鐘を吊るためだ。この突起物に龍の頭の形が刻まれており、それ故にこれを龍頭と言う。つまり、釣り鐘を下げる縄を通す部分が龍頭である。

それがなぜ時計のねじを巻く突起物の名称にも使われるようになったのか。ここでちょっと時計の歴史をふり返っていただきたい。

現在携帯用の時計と言えば、ほとんどの人が腕時計を思い浮かべる。しかし、かつては懐中時計であった。当時の時計は壊れやすい精密機械であり、腕につけて振り回せばどこかに当たった拍子に故障してしまう。チョッキのポケットに大切に収めておくべきものであった。すなわち懐中時計である。懐中時計は紐《ひも》や鎖で下げるようになっている。そのため、時計の上部に紐や鎖を通す金環《きんかん》がついている。これを吊り鐘の龍頭に見立てて龍頭と呼んだのである。つまり、龍頭とはあくまでも吊り紐を通すための金環のことであった。

今でも時々目にする懐中時計では、この金環の内側にねじを巻く突起物がついている。しかし、もっと古い初期の懐中時計では、柱時計のようにガラス蓋《ぶた》を開け文字盤のねじ穴に小さな鍵《かぎ》をさし込んでねじを巻いた。この形式の懐中時計を「鍵巻き型」と言い、今ではアンティックとして珍重されている。それが改良されたのが現在の型式のもので、金環の内側にねじを巻く突起物を配置した。これを「龍頭巻き型」と言う。やがて、ねじを巻くことを龍頭を巻くと言うようになり、突起物そのものが龍頭と言われるようになり、さらに、腕時計が出現し、紐や鎖をつけることもなく、位置も横に変わってしまったのに、ねじを巻く突起物を龍頭と言うようになった。

こんな詳しい歴史は知らなくとも、漢字で「龍頭」と書けば、初めに言ったようにおよその意味はわかる。しかし、片仮名で「リュウズ」と書き、さらに「リューズ」に転じると、本来の意味が見当もつかなくなってしまうのだ。「龍」も「頭」も制限漢字ではない。是非とも漢字で「龍頭」と書くべきだろう。

ところで、豆腐をつぶして野菜類を混ぜ、油で揚げたものを「ガンモドキ」と言う。おでん種に欠かせない材料の一つだ。これは片仮名書きでももとの意味がわかりやすい。精進料理なのに雁《がん》の肉で作ったように美味《うま》い、という意味である。このガンモドキ、主に関西地方では「ヒリュウズ」とか「ヒロウズ」とか言う。これはもとの意味がたどりにくい。漢字で書くと「飛龍頭」である。飛んでいる龍の頭だから、つまりは「飛龍頭」である。確かに、ガンモドキすなわちヒリュウズは、丸くてでこぼこしており、これも龍の頭に見立ててもおかしくはない。

さて、この飛んでいる方の龍頭は本来外来語なのである。江戸時代から広く庶民に親しまれているこの食物は、ポルトガル人によってもたらされた。ポルトガルには豆腐はない。米を使ってこういう揚げ物を作った。それをFilhosと言った。これが日本に入って、「ヒロウズ」になり「飛龍頭」になったのである。もっとも、日本に入ってきた初めは、ポルトガルのものに近かったようだ。江戸時代の記録によると、等量の糯米《もちごめ》と粳米《うるちごめ》の粉を水でこねてゆで、それを油で揚げた、とある。揚げ餅に近いようなものだろう。やがて、豆腐を使うようになり、野菜や海藻を具として入れるようになり、現在の飛龍頭が出来上がった。言葉とともに実質も日本化したのである。

外来語と思いがちなのに古くからの日本語である言葉と、古くからの日本語だと思いがちなのに外来語である言葉と、言葉にはそれぞれの歴史がある。

アラーの他に神はなし

現代の世界的キー・パーソンを五人挙げれば、必ずその中に入るのがイラクのフセイン大統領だろう。一九九〇年の湾岸危機以来、世界中の耳目を集め続けている。強烈な自負心、矜持《きょうじ》、指導者意識を持ち、我こそはアラブ圏の総帥であり、アラブこそは唯一神アラーに加護された人々の集まりである、と言わんばかりだ。そういえば、一九八九年に死去したイランの最高指導者ホメイニ師も、こちらはペルシャだから歴史は少し異なるが、似た雰囲気を備えていた。強烈な自負心、矜持、指導者意識、といったものが同じように感じられたのである。イランとイラクは当時敵同士だったのに、この共通性。これはちょっと日本人には理解しにくいかもしれない。欧米先進国の指導者たちが自負心や指導者意識を持つのならわからないでもないが、アラブ圏なんて、石油が出なければただの砂漠の国じゃないか。先進国に近づいたとはいえ、内心にはまだまだ欧米コンプレックスがうずまいている日本人はそう思う。なにせ、〝外人〟と言えば、それは白人を意味しているぐらいだから。

しかし、アラブ・ペルシャ世界の人たちが、一般庶民はともかく、指導者レベルでは強烈な自負心を抱いているのは、歴史的に見れば当然なのだ。

我々は、先進国と言えば、英仏独など西欧諸国と十九世紀末からこれに加わったアメリカのことだと漠然と思っている。千五百年も二千年も昔なら、支那やインドも先進国であった。しかし、ここ千年ぐらいはヨーロッパが歴史の中心だ。こんなふうに思っている。そして、欧米人自身もそう思っている。

しかし、それは事実ではない。アラブは、中近東だけではなくアフリカ東部・北部にまで及ぶ広い範囲に亙《わた》って、長い間高度な文化・文明を築き上げていたのだ。ヨーロッパ人がそれを知ったのは、十一世紀から十三世紀にかけての十字軍遠征によってであった。未開な蛮族がキリスト教の聖地にのさばっているのでこれを蹴ちらそう、と出かけていった人たちが見たのは、きわめて高度に発達した文化、とりわけ科学であった。

現在では科学史研究の中でアラブ文化の重要性はよく認識されている。そもそも科学に必須の数字をアラビア数字と言うではないか。しかし、それだけではない。アルコール、アルカリ、アルジェブラ（代数）、アルケミー（錬金術）……。今ではヨーロッパ語に組み込まれたこれらの科学用語は、すべてアラビア語起原なのである。

ところで、今列挙した科学用語の語頭が全部「アル　al-」で始まっていることに気づかれただろうか。これは偶然ではない。ヨーロッパ語で「アル」が語頭に来る言葉は多くがアラビア語起原なのだ。と言っても、この「アル」、「アラブ Arab」とは関係ない。l と r で綴《つづ》りがちがう。「アル　al-」はアラビア語の冠詞で、英語の the に当たる接頭語だ。冠詞付きのままでヨーロッパ語になってしまったわけだ。アルコールは「ザ・瞼《まぶた》を赤く染める薬」、アルカリは「ザ・焼いた灰」、アルジェブラは「ザ・再結合」、という意味である。科学用語以外にも、スペインのアルハンブラ宮殿がそうだ。この「アルハンブラ」は「ザ・赤い家」である。

なんだか、近頃新聞や雑誌でよく見る「ザ・歴史」だの「ザ・討論会」だのを思い浮かべてしまう。

さて、アラブ圏といえばイスラム教、イスラム教といえばアラーの神である。片仮名表記をすると気づきにくいのだが、この「アラー Allah」にも「アル　Al-」がついている。

これも同じ冠詞だから、英語でいえば「アラー」はThe God、すなわち「神」である。「アラーの神」と我々は言い習わしているが、アラーは神の名前ではない。神そのものを言う言葉なのだ。強固な一神教であるイスラム教では、神といえば世界に唯一のこの神に決まっている。そのほかに神Aや神Bや神Cがあるわけではない。一つしかない神に、固有名詞など必要ないのである。

この徹底した合理性もアラブ文化を支えた柱の一つなのだろう。同時に、狂信的な使命感につながる危険性も秘めているのではあるが。

人名のコンテと略語のコンテ

研究業績や発明物に人名がついている例は多い。研究者や発明者の栄誉を称《たた》えるためである。古いところではピタゴラスの定理で、直角三角形の三辺の関係を示す定理は古代ギリシャの数学者の名前がついている。テレビのブラウン管も、十九世紀末にこれを発明したドイツの物理学者の名前をとっている。

しかし、中には一般の人にとって栄誉というイメージからほど遠くなるものもある。医学上の研究成果に対して研究者の名前をつけたものがそうだ。

十七世紀から十八世紀のデンマークの解剖学者C・バルトリンは、バルトリン腺を発見し、その名は永久に女性器の上に残されることになったが、はたしてバルトリン博士の子孫たちはこれを家門の誉《ほま》れと思っているだろうか。博士の末裔《まつえい》の女性たちで娘時代その名を厭《いと》わしく感じた人も多いのではないか。十九世紀半ば、甲状腺異常の研究を行なったドイツのK・バセドーの栄誉を称えてつけられたバセドー病もそうだ。十九世紀末、癩《らい》菌を発見したノルウェーのA・ハンセンの栄誉を称えてつけられたハンセン病もそうだ。これは病原菌にハンセン博士の名前がついてしまったわけだが、バイキンに自分の名前がつけられてそんなに嬉しいだろうか、と思うのが一般の人の気持ちではあるまいか。

ところで、研究者の名前をとった病気名が発生地の名をとったのだと誤解されている例もある。川崎病である。これは乳幼児がかかる病気で、発熱・発疹の症状が出て、重症の場合は死に至ることもある。症例が初めて報告されたのは一九六〇年代末だが、まだはっきりした原因はわかっていない。最初の臨床報告をしたのが後の日赤小児科部長、川崎富作博士で、その名をとって川崎病となった。しかし、川崎という名称から神奈川県川崎市が思い浮かび、公害病という誤解を生んだ。もちろん全国に発症例があり、川崎市とは無関係である。川崎市では悪いイメージを打ち消すのに苦慮したという。

元人名だったのが忘れがちな発明物もある。絵のデザインに使うコンテだ。木炭や鉛筆よりもクレヨンに近く、彩色しないままのコンテ画も味があって美しい。このコンテは、フランスの化学者で画家でもあったN・コンテ Contéが十八世紀末に考案したもので、名前もここからとられている。

さて、広告、放送、出版などの業界には、語原不明・意味不明のカタカナ語が氾濫《はんらん》している。語原が不明だってこの業界の人たちは気にもしないし、意味不明だってちゃんと意味が通じてしまうところがコワイ。最近では「ムーディな夜を演出する」などという文章を目にしたことがある。「ムーディ moody な夜」なら「陰気な夜」か「不機嫌な夜」である。友人の訃報《ふほう》にでも接したのだろうか、夫婦喧嘩《げんか》でもしたのだろうか。「ムーディな夜」に恋人同士がにっこり微笑み合っているイラストが不気味だった。それはともかく、この業界で「コンテ」という言葉がよく使われている。

例えば「新番組のコンテを明日までに提出しなければならない」という具合だ。同じような意味合いで「新番組の件、ラフ・スケッチだけでいいですから、明日までにお願いします」という使い方もする。こうなると、ともに絵画の用語の転用で、本格的な仕上げ前の素描の意味だろうという気がしてくる。ところがちがうのだ。「ラフ・スケッチ rough sketch」は、確かに、「略画」という意味だけれど、この「コンテ」は「コンテ画」という意味ではない。綴《つづ》りが conté ではなく、conti だからである。正確にいえばコンティニュイティ continuity の略で、「連続」という意味である。映画やテレビの場面と場面を連続させた下書きということだ。「絵コンテ」と呼ぶこともある。「連続した絵」という意味だろう。これが転用誤用を重ねて、素案・概略をコンテという例まで出てきたのだ。

発明者の名前が発明物の名称になった素描用具コンテ。「連続」が略され、さらに転用誤用され、とうとう「素案・概略」にまで拡大してしまったコンテ。全然関係ないもの同士がつながるのが、いかにもこの業界らしい。

そういえば、「デヴュー」という奇怪な言葉もこの業界でよく目にする。「実力ある大型新人がデヴューした」というように使われる。「初舞台・初登場」という意味らしいが、これなら「デヴュー」ではなく「デビュー」である。原語はフランス語で début だから だ。おそらく「レヴュー revue」すなわち「軽喜劇」と混同しているのだろう。

転用誤用混用、この業界はまことに融通無碍《ゆうづうむげ》である。

【補論】

一九九六年五月二十九日付朝日新聞掲載の河出書房新社書籍広告に、堀田あけみの新刊『唇の、することは。』の紹介文が出ている。「17歳のデヴューから圧倒的支持を得てきた著者待望の書き下ろし問題作！」。本の内容はともかく、この紹介文は確かに問題作ではある。

一敗地にまみれたら再起はできない

毎回のように他人の誤記・誤用をあげつらってきて、たまには自分の過ちの話も書かなければ不公平というものだろう。実はほんの十年ほど前まで、私は「一敗、地にまみれる」という故事成句をまちがって使っていた。原因は、よく使われている誤用を疑問にも思わずうのみにして、辞書で確認することもまして原典に当たることもしなかったからである。

この成句は、しばしば次のような使い方をされる。

●若ノ花は千秋楽で小錦と優勝を争い、一敗、地にまみれた。

この使い方は、明暗を分ける一敗の重み、土俵に転がされて砂まみれになる感じがよく出ているが、正しくない。かえって、感じがよく出ている分だけ、誤りを広めることにもなっている。

「一敗、地にまみれる」は、『史記』高祖本紀《こうそほんぎ》に出てくる言葉で、「一度敗れれば、地に脳みそや腹わたが飛び散り、再起不能の敗北を喫する」という意味である。つまり、完全に叩《たた》き潰されて二度と立ちなおれない状態になることなのだ。しかし、先の用例では、今場所は若ノ花が敗北したが、来場所は雪辱を果たすかもしれない、という含みがある。

どうしてそういう誤用が生じるのか。まず第一に、一敗が「一勝一敗」の一敗になっている。正しくは、一敗したら後はもうないのである。脳みそや腹わたが地に飛び散っているのだから、再起などできるはずがない。第二に、「地にまみれる」を「身体に土がつく」という意味に受け取っている。正しくは「飛び散った脳みそや腹わたで大地がまみれる」のである。ところが、我々は、「一敗」に相撲の星取表を、「地にまみれる」に土俵の土を、それぞれ勝手に連想して、ありえない再起を考えてしまう。故事成句や諺は、字面で勝手な判断をせず、原典か少なくとも辞書には当たってみなければならない。

同じような誤用で、やはり広く使われているのが、「天衣無縫《てんいむほう》」である。新聞や雑誌で頻繁にお目にかかる、「子供たちが初夏の草原で天衣無縫に遊んでいる」とか「天衣無縫の人柄で同僚に愛された」などだ。これらの用例では、「天衣無縫」が無邪気であけっぴろげの意味に使われている。だが、それをいうなら「天真爛漫《てんしんらんまん》」である。字面が似ているので、誤用のまま広く使われ出《こ》しているのだ。

「天衣無縫」とは、技巧を凝らさないのに詩歌や芸術作品が完全無欠の出来栄《ば》えを示すことをいう。出典は『霊怪録《れいかいろく》』である。夏の夜、郭翰《かくかん》という男が、庭に天女が降りてくるのに会った。天女は美しい衣を着ている。しかし、その衣をよく見ると、どこにも縫い目がない。不思議に思って尋ねると、天女は、天人の衣は針や糸で縫って作るものではありません、と答えた。天衣とは天人の衣、無縫とは縫い目がないこと。無邪気ともあけっぴろげとも関係がないのである。ただ、技巧がないという点では共通しないでもないので、誤用が広まったのだろう。

これが誤用である証拠に、誤用している人に聞いてみると、たいてい次のように答える。天衣とは天空を衣類にしているということ、無縫とは縫った物すなわち着物を着ないということ、「天衣無縫」は、すっぱだかで、身にまとっているものは天空だけということ、じゃないの。

じゃない、もちろん。

この誤解は、魏晋《ぎしん》期の屈折した知識人の集団である竹林七賢人《ちくりんしちけんじん》の一人劉伶《りゅうれい》の故事との混同から生まれたものだろう。『世説新語《せせつしんご》』任誕篇《じんたん》に、こういう話がある。劉伶は酒を飲んでは自由気儘《きまま》にふるまい、家の中ではすっぱだかであった。人が咎《とが》めると、こう答えた。「わしにとっては天地が家、家が下着なんだ。おいおい、おまえさんはわしの下着の中に入り込んで失礼な奴だな」。

劉伶のこの故事からは特に成句は作られていないが、故事そのものは割とよく知られている。そのために誤用が広まったのだろう。赤ん坊が裸ではしゃいでいるのを天衣無縫とするような誤用には、明らかにこの劉伶の姿がまちがって投影されている。

何を斜にかまえるのか

正月のカルタ遊びには二つのものがある。百人一首を書いた歌カルタと諺《ことわざ》のたぐいを書いたいろはカルタだ。いろはカルタは、別名を犬棒カルタともいう。最初の札、すなわち「い」の札に書かれた諺が、「犬も歩けば棒に当たる」だからだ。それほどよく知られた諺でありながら、この意味するところはあいまいになっている。というよりも、近年では正反対の意味にも使われるようになり、その誤用もしだいに定着しつつある。

本来、この諺は、犬がうろうろ歩いていると野良犬だと思われ棒で叩かれる、という意味で、むやみに出歩くことを戒《いまし》めたものである。だから、正しい用例は次の通りだ。

●旅行中に盗難にあったんだって？　犬も歩けば棒に当たるというけど、やっぱりむやみに出歩くもんじゃないね。

ところが、現在では、この用例のように使われることはあまりない。むしろ、積極的に出歩くことをすすめる諺になっている。

●セールスで大切なのは、足を使うことだよ。何軒もまわれば必ず注文は取れる。犬も歩けば棒に当たると言うじゃないか。

というふうに使われる。つまり、「棒に当たる」が「好運」の意味になっているのだ。

だが、考えてみれば、これはおかしい。「棒に当たる」のがどうして「好運」なのか、誰でも疑問に思うだろう。それでも、後の方の意味で使われて誰も怪しまないのは、時代背景が変わったためである。昔は、家におり家を守ることが、とりわけ女性や子供にとっては大切であった。だから出歩くことを戒めたのだが、時代が移るにつれて、積極的に外に出て自分の可能性を拡げることをよしとする風潮に変化してきたのである。

最近では、「犬も歩けば棒に当たる」の場合は辞書にも二つの意味が書いてあり、どちらでもまちがいではない。しかし、ほとんどの辞書もまだ一つの意味しか採用していないのに、実際には意味が変化して使われることが多い言葉がある。「斜にかまえる」だ。

朝日新聞の一九九二年七月二十六日付「朝日歌壇」に、次のような投歌があった。

●斜《しゃ》に構え笑顔やさしきポスターの国を憂《うれ》うる目のありやなしや　（東京都）杉浦とき子

選者の島田修二は評として「正答の選択肢のないような今回の選挙に、候補の笑顔のむなしさが目につく」と書いている。アマチュア歌人の作者もプロの歌人の選者である島田修二も、「斜に構える」を真摯《しんし》さに欠ける皮肉な態度の意味で使っている。選挙ポスターの候補者の笑顔がシニカルな薄ら笑いに見える、というのである。

ここに見られるように、「斜にかまえる」を、物事に真正面から取り組もうとせず、皮肉っぽい態度で臨む様子をいう言葉として使う人がふえてきている。例えば、若者に、人生の充実感とはと問いかけたとする。若者らしい生真面目な答えが返ってくると思いきや、彼はこう答えた。「人生の充実感？ そんなもの今時あるわけないでしょう。そうねえ、あるとすれば、パチンコで大当たりが出た時ですねえ」。こういう態度が「斜にかまえた態度」だと思っている人が多い。しかし、これはまちがいである。

「斜にかまえる」というのは、刀を斜めにかまえる、すなわち、刀を抜いて正眼にかまえることで、相手の出方に対し十分な身がまえをすることなのだ。だから、人生の充実感を問われた場合なら、相手の質問の真意を読み取るように注意深く慎重に答えるのが、「斜にかまえる」なのである。皮肉な態度というのとは、全然ちがっている。

先ほどの短歌だと、本来の意味では、選挙ポスターの中に、刀を正眼《せいがん》にかまえたように緊張しながらもやさしく微笑《ほほえ》む立候補者の顔がある、という意味になる。「国を憂うる目のありやなしや」と問うのもおかしなことで、そういう候補者の目は国を憂えているに決まっている。全体としての意味は通らない。

最近は、この誤用も採用する辞書が出てきた。この変化はなぜ起きたのか。武士が刀を抜いて斜にかまえている光景など、人々の記憶から薄れてしまったからだ。そして、生き残った「斜」という言葉は、真正面から取り組まないという意味だと誤解され、皮肉な態度を指す言葉だと思われるようになってしまったのである。しかし、その意味で使うなら、「斜」は「しゃ」と読むべきではないだろう。「しゃ」と読むのは剣術の用語として熟しているからである。あえていえば「ななめにかまえる」と読まなければなるまい。

【補論】

一九九七年五月十九日付朝日新聞の教育欄に、プロレスラー藤原喜明が父親を語った記事が載った。父親は勇み肌の鳶《とび》職人で「高い足場の上でダボシャツにお守り下げて鉢巻き姿、斜に構えてぎゅうっとにらんだ写真が何枚もあった」。知識人ではなく肉体労働者の方が正しい言葉を使っていることに私は感動を覚えた。

トンボ鉛筆の尻尾についた「W」

お手元に鉛筆があったら、ちょっとメーカーを確認していただきたい。トンボ鉛筆? ちょうどよかった。三菱鉛筆と並ぶ最大手メーカーの一つだ。そのトンボ鉛筆の「トンボ」というのは、昆虫のトンボである。トンボ鉛筆には、トンボの形の商標がついている。さて、その商標の横を見ていただこう。ローマ字でTombowと書いてあるはずだ。

あ、そうか、「トンボ」というのは英語から来た外来語なのか、などと早とちりしてはいけない。もちろん、昔からある日本語だ。そもそも、「日本」の古語「秋津洲《あきつしま》(秋のように実り豊かな島)」は「とんぼ」の古語「あきつ(『秋つ虫=秋の虫』の略)」と混用され、とんぼは日本の象徴とされてきた。それにちなんだ社章・社名が「トンボ」なのである。

それなら、トンボ鉛筆では、なぜ、「トンボ」をTombowと表記しているのか。本来なら、そのローマ字表記は日本式（訓令式）でTonbo、国際式でTomboのはずである。国際式にしても、語尾にwはついていない。

これは、輸出に際し、英語圏の人たちに悪い商品イメージを与えないように考えられた対策だと言われている。Tomboだと、tomb（墓）を連想させる。しかし、Tombowなら、Tom（人名）とbow（弓）ということになる。商品イメージが墓と弓とでは大ちがいである。発音は少し語尾が伸びて「トンボゥ」となるけれども、これがかえって古語に近いのが面白い。「とんぼ」の語原は「飛ぶ」が変化した「飛ん棒」もしくは「飛ん坊」と考えられているからだ。古くは「とんぼう」とも書いていた。

せっかく熟考した末の商品名が輸出先で悪いイメージになる例は、他にもある。

昔からある商品では、乳酸菌飲料のカルピスCalpisだ。大正時代に発売されたカルピスは、「カルシウム」と梵語《ぼんご》の「サルピス」（酪《らく》）を合わせて命名された。そのしゃれた語感が受けて現在に至るまで息の長い人気を保っている。しかし、このカルピスという名前、英語圏の人には「カウピス」と聞こえる。cow-piss（牛の小便）である。牛乳ならぬ牛尿では、商品イメージはガタ落ちだ。

富士通のコンピュータは世界中に広く輸出されているが、その商品名はかつてファコムFACOMと言った。富士通のコンピュータといった意味だ。しかし、これも英語圏の人は顔をしかめる。字を見た時には気づかないが、耳で聞くと「ファック・オンFuck on」に近い感じがするからである。意味は「犯してやれ」とでもなるだろうか。ひどく下品に響く。人前では口にしにくい名前だ。

自動車のトヨタも世界中に広く輸出されている。高性能・低価格で、本場アメリカの自動車産業を追い抜いてしまった。しかし、一九七〇年代前は、日本車は価格こそ安くても性能が劣るものだと思われていた。そのイメージは、一つには「トヨタ」という商品名から来ている。創業者豊田喜一郎の姓からとった名前だが、ローマ字書きしたTOYOTAは、toy（おもちゃ）を連想させるからだ。英米人には、おもちゃの自動車のように安っぽい、という印象を与えるらしい。

反対に、商品名が予期せぬ良いイメージを想起させる例もある。洋酒のサントリーだ。創業者鳥井信治郎の姓とsun（太陽）を組み合わせて作られた。しかし、耳で聞くと、フランス語のサントリニテSainte-Trinitéを連想させる。カトリックの教義である「聖三位一体」のことだ。英語圏のみならずラテン語圏でも良いイメージを与えられるのは強味である。

それでは、外国から日本に入ってくる商品はどうか。

音響製品のボーズBOSEは、日本で名前が知られるようになって日が浅い。初めてこの名前を聞いた時、かなり異様な感じがした。「坊主」を連想させるからである。しかし、ボーズ社は特にこれといった対策もとらなかった。スウェーデンの自動車会社ボルボVOLVOも、L音を聞くのが苦手な日本人の耳には「ボボ」と聞こえる。九州の方言ではかなりアブナイけれど、ボルボ社は平気であった。輸出先の言葉の語感まで、欧米人は気にしないのである。大袈裟《おおげさ》に言えば、一種の大国主義、文化帝国主義と言えなくもない。相手の国情や文化を無視しているからだ。日本語が国際語としては全く無力だからこそ、我々はよけいなことにまで気を配らなければならない。

仕事を愛する人にヒロポン

前回に続いて商品名の話である。

企業は常に新製品の開発に腐心しているが、開発した後は、その製品の名前が消費者に滲透《しんとう》するように努力する。商品名に工夫を凝《こ》らすのも、そのためである。

時には、商品名が普通名詞になるほどの成功例もある。「カップヌードル」（日清食品）、「ウォークマン」（ソニー）、「マジックインキ」（内田洋行）、「セロテープ」（ニチバン）などがそうだ。それぞれ、「カップ麺」「ヘッドホンステレオ」「フェルトペン」「セロハンテープ」が普通名詞である。企業の広報部では機会を見ては、それが自社の開発した商品の商品名であることを強調している。

しかし、中には、商品名が普通名詞化するほど大ヒットしながら、逆に企業側が自社の商品であることを隠したがる場合もある。覚醒剤の「ヒロポン」がそうだ。覚醒剤は乱用による中毒がさまざまな犯罪を惹《ひ》き起こし、またその所持・使用そのものが覚醒剤取締法に触れる犯罪である。しかし、取締法が施行される一九五一年より前は、所持も使用も自由であり、製薬会社は競って製造していた。その結果、一九五〇年前後には「ポン中（ヒロポン中毒）」が大きな社会問題になり、取締法が制定されたのである。

現在、覚醒剤は俗語で「シャブ」と言う。これは、骨までシャブりつくすという意味らしいが、俗語の常として語原ははっきりしない。覚醒剤取締法制定当時の俗語は「ヒロポン」であった。こちらは由来がはっきりしていて、大日本製薬の覚醒剤の商品名なのである。語原は、ギリシャ語の「フィル Phil（愛する）」とラテン語の「オプス opus（仕事）」を組み合わせて薬品名らしい語尾をつけたもので、綴《つづ》りは Philopon である。戦時中、軍需工場で徹夜作業をする時に使われたから、「ヒロポン＝仕事を愛する」はいかにもそれにふさわしい商品名と言えよう。戦中から戦後の一時期にかけて、「ヒロポン」と同一もしくは類似成分の「ホスピタン」「プロパミン」「ゼドリン」などが他の薬品会社でも作られていた。小説家の坂口安吾が愛用して中毒になったのは「ゼドリン」である。

ところで、商品名には人を食ったものもかなりある。子供向けの菓子に多いが、これは親しみを感じさせる演出だろう。しかし、大人向けの、考えようによってはかなり深刻な商品に、人を食った命名のものがある。B級雑誌の通信販売広告に出ているセックス用品の商品名だ。

ある時、B級マンガ雑誌の片隅に性感増進の秘薬の通信販売広告で気になるものを見つけた。その名前がちょっと気になったのだ。「ボヌール」である。これは何の変哲もない名称だが、しかし、何の変哲もないからこそ、逆に気になったのだ。

この種の秘薬は、漢方薬か支那古典文学の一節を想起させるような命名のものが普通だ。いかにも神秘的な薬効がありそうだからである。その中で、フランス語の「幸福・幸運」を意味する「ボヌール bonheur」は、あまりにも凡庸《ぼんよう》すぎて不自然である。何かありそうだなと、しばし沈思黙考、やがてはたと気づいた。この性感増進の秘薬は、女性性器への塗り薬である。語原はフランス語に見せかけながらフランス語ではなく、日本語の九州方言の語呂合わせ「ボボ塗る」と考えた方が自然なのである。謎が解けて大笑いだが、作者不詳のこの命名、人を食っていることでは天下一品だろう。

フランス語風で実は日本語と言えば、一九八〇年代に大流行したノーパン喫茶の第一号店、大阪にあった「エミルマ」もそうだ。もちろんフランス語とは全く無関係で、下から見ると「丸見え」とは、これも人を食っている。

B級雑誌の通販品の商品名には、まだまだ傑作がある。男性向けの人造女性で局部が電気で動く仕掛けになったものに「腰のフラメンコ」というのがあった。語原考証の要など全くない、誰にもわかる爆笑ものの命名である。それにしても、こんな商品名をつけてマジメな消費者が購入するのだろうか。かえって購買意欲をミスディレクションしているとしか思えないが、これも名のない命名者の不条理な情熱が伝わってくるようで、私は好きである。

「阿片」と「オピウム」

陶酔感で人をとりこにし最後には破滅に導く悪魔の薬と言うと、今ではまず覚醒剤を思い浮かべる人が多いだろう。しかし、少し前までは阿片系の麻薬だった。人工的な科学物質である覚醒剤に較べて、植物から作る阿片には長い歴史があった。日本でも一九六〇年代までは阿片系の麻薬の害が社会問題になっていた。

阿片は、罌粟《けし》の実の未成熟なものに傷をつけ、にじみ出た乳液を乾燥させて作る。そのままのものは生《なま》阿片といって、たばこのようにキセルにつめ、火をつけて煙を吸う。ヘロイン、モルフィネなどは、生阿片を化学加工したもので、静脈注射をするのが普通だ。本来は麻酔用の薬である。「麻薬」という言葉も「魔の薬」を連想させるが、「麻酔の薬」だ。「麻」は「痲」と通用し、「しびれる」という意味である。

生阿片を吸飲する習慣は古くからあった。我々は、清朝支那の写真などで阿片窟《あへんくつ》の頽廃《たいはい》的な光景を知っている。しかし、さらに古い時代には僻地《へきち》の少数民族が安価に一日の疲れをいやすために吸飲することがほとんどで、一般の人々に広く見られたわけではなかった。十九世紀に入る頃、支那では阿片吸飲の悪習が広まり、国家的な大問題になる。阿片の流入を操っていたのはイギリスで、これを阻止しようとする清朝政府との間に起きたのが阿片戦争（一八四〇〜一八四二）であった。しかし、支那はイギリスに敗北し、実に二十世紀末に及ぶ百五十年間に亙《わた》る植民地支配を受けることになる。香港がそれである。植民地問題や侵略問題を語る時、しばしば忘れがちなのだが、一九九七年までイギリスの支那に対する植民地支配は続いているのだ。阿片は個々の人間だけでなく、一国をもむしばむのである。

さて、この「阿片」、日本語では「あへん」と読んでいるが、支那語では「アピェン」と読む。英語で阿片は「オピウム opium」である。支那語と英語の「阿片」の音感がきわめて近いことがわかるだろう。これはマレー語の「アピウン apiun」が語原だからである。「アピウン」をヨーロッパ人は「オピウム」と聞いてアルファベットに音写し、支那人は「アピェン」と聞いて漢字に音写した。その漢字を日本人は日本化した漢字音で「あへん」と読んだのだ。阿片の主な産地はインドシナ半島である。それが支那にも流入し、またヨーロッパにも流入した。しかし、日本には明治以前はほとんど流入せず、従って言葉もマレー語が直接入らなかった。漢語として入ってきたため、「阿片」がマレー語の音写であることに気づく人は少ない。

薬用植物の音写には、もっと変わった例がある。生薬《しょうやく》に、蘆薈《ろかい》という薬がある。苦味があり、健胃薬などに用いる。この蘆薈とはアロエ aloe のことだ。とげのある肉厚の剣状の葉を持ち、この葉の液汁に薬効成分が含まれている。原産国は南アフリカだが、江戸時代には既に日本で薬用や観賞用に栽培されていた。この「アロエ」に漢字音を当てたのが「蘆薈」である。

「アロエ」と「ろかい」ではずいぶんちがっている。どうして「蘆薈」が「アロエ」の音写になるのか。「蘆」は、音はロ、意味は芦である。「薈」は、音はワイ・カイ、意味は草木が茂ることである。意味はまあこれでいいとして、「蘆薈」では現行通り「ろかい」としか読めない。それなのに、これが「アロエ」の音写になるのは、「薈」の字の音《おん》を正しく読まなかったためである。

「薈」の字の声符（音を表わす部分）は「會」で現在はこの字は「会」と書く。これは

「会議（會議）」「会得《えとく》（會得）」のように、カイともエとも読む。それに引きずられ、いわば当て字・当て音で「蘆薈」で「ロエ」と読ませたのである。「アロエ」が「ロエ」と音写されるなら理解できる。ところが、音写に使われた「薈」は本来エとは読まない。それで本来の読み方で「ろかい」と読むようになってしまった。

似た例は他にもある。温度を表す「摂氏」と「華氏」だ。それぞれ考案者の名前にちなんでいる。スウェーデン人セルシウス Celsius が摂氏、ドイツ人ファーレンハイト Fahrenheit が華氏で、ともに漢字に音写したものだ。もしこれを日本の漢字音のまま片仮名になおし「セッ氏」「カ氏」としたのでは意味が通らなくなる。「セルシウス氏」の略だから「セッ氏」ではなく「セ氏」、「ファーレンハイト氏」の略だから「カ氏」ではなく「ファ氏」でなければならない。「セ氏」はいいにしても、「ファ氏」では日本語として落ち着きが悪い。やはり漢字のまま「華氏」の方がいいようである。そうなると対比上、「摂氏」も漢字の方がいいことになるだろう。

ばくち打ちは二度ばくちを打つ

先日、友人の家に遊びに行ったら、いつもなら元気に出迎える子供が泣いている。「どうしたの」と聞くと、転んで膝《ひざ》をすりむき「チガが出た」との答えが返ってきた。むろん「血が出た」をまちがえているのだ。

日常会話では、名詞の後につく助詞は省略されやすい。特に幼い子供の場合はそうだ。例えば、「ぼくはこれを食べたい」と言うべきところを、助詞を省略して、「ぼく、これ食べたい」と言ったりする。友人の子供はそれが念頭にあったため、普段言っている「血が出た」を省略形だと思い、お客様である私には助詞を省略せず、ていねいに「チガが出た」と言ったわけだ。

似た例をもう一つ挙げてみよう。こちらは一種の方言である。

私は愛知県の出身である。愛知県と岐阜県の南部では、「やけどをした」を「やけずった」と言う。都市部ではあまり聞かれないが、農村部では今でも使われる言葉だ。私も幼い頃、口にした記憶がある。これは「やけどした」が圧縮されたものだ。ところが、これがさらに崩れて「やけずりした」という言い方がされることもある。「やけずった」から名詞の「やけずり」が生まれ、もう一度動詞化して「やけずりした」となったのである。変化の跡が容易にたどれるため、崩れた言い方であることが誰にもわかり、方言としてもあまり正しい言い方とはされていない。俗語・卑語の扱いである。

さて、「チガが出た」や「やけずりした」を笑った読者よ、御自分でも似たような言葉遣いをしていることにお気づきだろうか。「ばくちうち」である。

これは、漢字で書けば一目瞭然だ。「ばくち」は「博打（ち）」だから、「ばくちうち」は「博打打ち」となり、「打」が重なっている。「博」はすごろく。ただし、すごろくとは言っても、古代のすごろくは現在子供が正月にやる「上がりすごろく」とは大きくちがっている。勝負するのは二人。碁盤のような盤を前にして向かい合う。白と黒の石を並べ、さいころを振って、その数に応じて敵陣に攻め込む。欧米で人気のあるバックギャモンというゲームと同じだと思えばいい。ともにインド起原で、東西に分かれて伝わったのだ。

その「博」を「打つ（する）」から「ばくち」なのである。しかし、しだいに「博」そのものを「博打」と言うようになり、そのため、「ばくちを打つ」という言い方も必要とされるようになった。「ばくちうち」という言葉は、こうして生まれ、今では誰も変に思わなくなったのである。

このように、同じ意味の言葉を知らずに重ねて使うことを「重言《じゅうげん》」と言う。「馬から落ちて落馬する」などはその最も滑稽な例だが、重言が許容されている場合もある。「共産党を離党する」は「共産党を離脱する」の方がいいようにも思えるが、「離党」という言葉の印象を生かした場合は、こちらの方がいいだろう。「ばくちうち」は、許容という以上に熟語として定着している。

言葉の上の方に同じ言葉が重なる重言もある（この文章も、やや重言ぎみになっている）。

例えば、「おみおつけ」。

本来の形は「つけ」である。漢字で書けば「付け」。飯の横に常についているから「付け」なのだ。今でも、定食には必ずついている。これに「お」をつけて「おつけ」、さらに「み」をつけて「みおつけ」、もう一度「お」がついて「おみおつけ」となった。全部漢字で書けば「御御御付け」である。

神前に供える酒を「おみき」と言うのも同じだ。酒の古語「き」に「み」がつき、さらに「お」がついて、「おみき」となったのである。漢字で「御神酒」と書くけれど、本来は「御御酒」である。別に、酔っぱらって字が二重に見えるわけではない。重言になっているから字が重なっているのだ。

言葉の下の方が重なるので面白いのが「柳」である。

我々は今「やなぎ」に「柳」の字だけを当てがちだが、この他に「楊」も「やなぎ」である。「楊」はねこやなぎなどを広く言い、「柳」は本来は特に枝垂《しだ》れやなぎなどを指した。垂れ下がった枝が風に流れるので、「流《りゅう》」と音が通じる「柳《りゅう》」が使われたらしい。

さて、「やなぎ」は「楊《ヤン》（の）木」の転訛《てんか》だというのが通説である。やなぎは日本にも自生しているが、支那人が好む植物であったため、渡来文化の一つとして、日本でも積極的に植えられるようになった。当然、新種の楊もいくつか日本にもたらされただろう。それを「楊《ヤン》（の）木」と称したのである。これが忘れられて、今では何の疑問もなく「やなぎの木」という言い方がされるようになった。しかし、これは厳密に言えば「楊《ヤン》の木の木」という重言になっている。

投げるのはボートかボードかヴォートか

先日ある新聞の投書欄に面白い投書を見つけた。投稿者は六十三歳の会社員である。文面から推察するに、国際化時代の中での日本の将来に日頃から心を砕いている教養人であろうと思われた。彼は投書欄で、こう提案する。日本語にはｒとｌを区別する仮名文字がないので、その区別をするために、新しい仮名文字を考案すべきだ、というのだ。

投書欄というと、普通、街をきれいにしましょうというたぐいの、どうでもいい意見が載るばかりで面白味に欠けるが、時々こういう大ケッサクが載る。

この投書者の御意見通りｒとｌを区別する仮名文字を作ったとしても、日本語の発音表記法がすべての外国語の発音に対応できるようになるわけではない。すぐ隣の国に目を向けてみよう。朝鮮語には母音だけで十種類あるし、支那語ではすべての音が四声（四つのアクセント）によって意味までちがってしまう。これに対応する仮名文字も作らなければ、東アジア諸国の一員として日本は恥ずかしいことになるだろう。

中学や高校で学ぶ英語に限っても l 音のほかに th の音があるし、同じ r の音でもフランス語の r の音はまたちがう。そもそも日本語に r と l の発音上の区別がない以上、仮名文字だけ考案しても定着するはずはない。

いやはや、国際化時代に向けての大胆な提案ではある。

もっとも、既にある仮名文字のできる範囲内で、外国語の発音表記をなるべく正確にしようという努力は幕末の頃からあった。例えば、v をヴと書き、ti をティと書き、tu をトゥと書くようなものである。新しい仮名文字を作り出さなくとも、既にあるもので先人たちは工夫したのだ。

しかし、それでも v 音などの表記は、定着が不徹底である。violin は「ヴァイオリン」とも「バイオリン」とも書く。しかし「バイオリン」と表記する人が、vocal（声楽）を「ヴォーカル」と表記したりする。また、tu をツではなくトゥと書くとしても、それなら t はどうするのか。t はツではないし、母音がないからトゥでもない。クリスマスに飾る tree（樹）は、「ツリー」より「トゥリー」の方が正しいようで実は正しくないのだ。

どういじくってみても、外国語の発音を日本語で表記するのはむつかしい。

それに加えて、日本語風に発音が変わって通用してしまう言葉もある。bag（カバン）は「バッグ」のはずなのに、しばしば「バック」と発音される。「ハンドバック」じゃ、手を後ろにまわしているようだ。big（大きい）は「ビッグ」のはずなのに、「ビック」と発音されることが多い。「ビック（ＢＩＣ）カメラ」などという意味のよくわからない大手カメラ屋もある。bed（寝台）も「ベッド」なのに「ベット」となりがちだ。

片仮名で表記した言葉がどのようにでも意味が通じるために、本来の外国語がわからなくなる例もある。

若者たちが波乗りをして楽しむのは「サーフ・ボート（surf boat）」か「サーフ・ボード（surf board）」か。「小舟」でも「板」でも通じるだけに始末が悪い。正しくは後者である。波乗りの板なのだ。

この「ボード」には恥ずかしい思い出がある。「賛否を決する一票」のことを、私は長い間「キャスティング・ボード（casting board）」だと思い込んでいた。代議員たちが手に持った木札のようなものを投票箱に投入するとか、あるいは、投票の結果を黒板に書き出すとか、そんなところから出た言葉だと思っていたのだ。しかし、全然ちがっていた。

正しくは「キャスティング・ヴォート（casting vote）」なのである。vote は投票だが、この場合は、賛否同数の時の最後の決定的な一票（通常は議長がこれを持っている）を言う。「板」と「票」では大ちがいである。人前でうっかり話していたら大恥をかくところだった。

それでも、「キャスティング・ボート」と思っていなかっただけ、ましかもしれない。これなら、漂流者の群の中に救命ボートを投げ込むといった感じだろうか。確かに、生死を分ける決定的な行為にはちがいなく、これもこれで意味がなんとなく通じてしまうところが妙である。

菊の恨み

外来語とは何か。文字通り「外国から来た言葉」で、もと外国語だったものが日本語に取り入れられた言葉である。この定義で問題はないのだけれど、よく考えてみると微妙な例も出てくる。言葉によって、日本語としての熟し方の度合い、定着の度合いに差があるからだ。それは外来した時代や経路にもよるし、固有の日本語に対応語があったかなかったかという事情にもよる。

当然ながら、科学技術用語にはもと外国語だったものが多い。近代的な科学技術は欧米が先進国であり、これが用語と一緒に流入してきたからである。しかし、外来語というには定着度・成熟度が不十分なものがある。「ファジー」「バイオ」あたりは、耳慣れない人もいるだろうが、まあ定着しつつある外来語と言っていい。しかし、「ニューロ」「フラクタル」などは、専門家はよく使う言葉だが、日本語の中に定着しているとは言いがたい。日常の生活の中で使われることが少ないからだろう。そうすると、「まだ外来語」ではなく、「ただの外国語」だということになる。

日本のすぐ隣国である支那や朝鮮から入ってきた言葉はどうか。こちらは日本との交流の歴史が長いから、新しい言葉と古い言葉との時間的隔《へだ》たりが大きい。新しく入ってきた支那語や朝鮮語は、欧米の場合に準じて、日本語として十分に定着している「麻雀」「キムチ」などを外来語とすればいい。しかし、逆に古い方に問題が生じる。長い歴史の中で定着しきり、もう外来語とさえ言えなくなっている言葉があるからだ。

例えば「算盤《そろばん》」がそうである。

これが固有の日本語でないことは、その歴史を考えてみれば明らかだ。室町時代、日明《にちみん》貿易が盛んになるにつれ、算盤は支那から入ってきた。「算盤」という名称もこれと一緒に入ってきたのだ。「算」を「そろ」と読むのは、当時の支那音「ソワン」と珠《たま》が動く音「さらさら・そろそろ」とを融合させたものだと、一九三四（昭和九）年初版発行、大槻文彦の『大言海』（冨山房）は説明している。面白いのは、同じ計算器でありながら、室町時代の「算盤」は外国の言葉をそのまま取り入れ、現代の「電卓」は「カリキュレーター」とは呼ばないことである。日本が電卓の輸出国だからだろう。

不思議なのが動物の「栗鼠《りす》」だ。山林に行けばいくらでもいる。帰化動物というわけではなく、大昔から日本列島に住んでいた。しかし、この「りす」、本来の日本語ではない。「りっそ（栗鼠）」の転訛《てんか》したものだ。本来の日本語では「木鼠《きねずみ》」と言う。それがいつのまにか支那から入った漢語に駆逐され、もとからあった日本語のように思われてしまっている。

もっと不思議な例もある。秋になると盆栽の品評会や菊人形の展示などが行なわれ、日本人に広く親しまれている「菊」だ。

手元に漢和辞典があったら、「菊」の字を引いてみていただきたい。「菊」を「キク」と読むのは音読みであり、しかも訓読みがないことがわかるはずだ。

漢字の読み方には、音と訓がある。音は、漢字が日本に伝わった頃の支那での発音、訓は、その漢字の意味する事物を表す日本語固有の言葉である。「山」は「サン」であり「やま」であり、「海」は「カイ」であり「うみ」である。しかし、支那にだけあって日本にないものは、音だけで訓がない。古代支那の石製打楽器「磬」は、音の「ケイ」だけで訓はない。それに相当する打楽器が日本に存在していなかったからだ。

同じように、「菊」に相当する植物も、古くは日本に存在していなかったのである。近縁種で、現在我々が「野菊」と呼んでいるものはあったが、これは「菊」の字の入った二次的な言葉である。「菊」が日本に入ってきてから作られたのだ。「野菊」は古くは「かわらよもぎ」と呼んだらしい。つまり、「菊」は、これに相当する日本語がなく、従って訓読みがない、という意味においては古い外来語だということになる。

事実、意外なようだが、『万葉集』に「菊」は出てこない。文献に初めて「菊」が出てくるのは平安初期の和歌で、それから考えて、菊が支那から渡来したのは奈良時代の末頃だろうと考えられている。江戸時代初期の後水尾《ごみずのお》天皇の御製《ぎょせい》に「ならの葉（『万葉集』）のえらびに漏れし菊の花　残れる梅の恨みやはある」とある。『楚辞《そじ》』（古代支那の詩集）に「梅」が出てこないこととかけたのである。それがなぜ「恨み」なのか。天皇家の紋章が菊の花だからである。天皇家の紋章であり、それ故、日本の象徴でもある菊が、日本最古の歌集には出ていないのが残念だ、というわけだ。外来植物が皇室の紋章になったのはいつのことかよくわからないが、当時の人にとって、山陽相互銀行が「トマト銀行」になったような感じがしたのではないだろうか。

花も蝶も

前回は菊の話をした。

「菊」の字には音だけあって訓はない。音は当時の支那の漢字の発音、訓はその漢字に該当する昔からある固有の日本の言葉である。菊は奈良時代末期に支那から渡来した植物で、それまでの日本にはなかった。だから、訓はない。『万葉集』にも菊を詠《よ》んだ歌はない。「菊」は一種の外来語なのだ。という話だった。

意外に思った読者が多いだろう。しかし、同様の例は他にもある。「菊」よりもっと意外なものだ。

それは「蝶」である。これも漢和辞典を引いてもらいたい。「蝶」も音読みだけで訓がないのだ。

では、蝶も菊も同じように支那から渡来したものだろうか。それまでは日本には蝶がいなかったのだろうか。そんなことは考えられない。菊には色も形もたくさんの種類があるが、どれも人の手を加えた栽培種である。花畑や温室で人工的に育てられており、原野に自生している菊はない。蝶にもたくさんの種類があるが、こちらは全部野生種であり、人間が品種改良を加えていない。卵が農作物に付着して日本に渡来した種類があったとしても、それは例外である。蝶はまず全部が土着の野生種なのだ。これは、古生物学的にも確認できることでまちがいない。

蝶以外のたいていの虫には日本語固有の言葉があり、それが訓になっている。

●螢（ケイ、ほたる）「火垂る」「火照り」という意味。
●蟬（セン、せみ）音も訓もともに鳴き声から来たらしい。
●蠅（ヨウ、はえ）「羽延」という意味が考えられている。

どの訓も古くから現代まで使われ続けてきた。それなのに、「蝶」だけは訓がないのだ。ただ、「蝶」の訓にはなっていないが、蝶を意味する日本語本来の古い言葉はあるにはあった。「かわびらこ」である。現在では全く使われていない。意味は「川原をひらひら飛ぶ虫」だとされている。

しかし、日本各地に残る古い方言を調べた民俗学者の柳田國男は、この語原に疑問を抱く。そして、「ひら」は「蛭《ひる》」と同根、「かわ」は「皮」で、さなぎや繭《まゆ》のことだと言うのだ。いささか不気味な感じさえして、現代人が描く、蝶＝美しい、というイメージからは少し離れているような気がする。そんなところから、「蝶」の読み方には訓が成立しなかったのかもしれない。

蝶もまた菊と同じく、『万葉集』に登場しない。菊は当時まだ渡来していなかったから当然だが、蝶はどうしたわけだろう。学者たちが研究しているが、はっきりした理由はわからない。今井彰『蝶の民俗学』によれば、古くは蝶を人の霊魂視することもあったようだ。こうしたことが歌に詠むことを忌《い》ませたのかもしれない。

やがて時代が下ると、蝶も菊も歌に詠まれ絵にもよく描かれるようになった。桓武《かんむ》平氏の家門の揚羽《あげは》や葛飾北斎が描く精緻な「牡丹に蝶」の絵は実に美しい。

さて、この「絵」だが、これも一種の外来語なのである。普通、「絵」の音が「カイ」、訓が「え」だと思われている。現にこういう区分をしている辞書もある。しかし、この「え」は「絵」の呉音読みである。音には、その読み方が日本に伝わった時期や経路によって、いくつかのものがある。仏教用語とともに伝わった読み方が呉音だ。「法会」「会釈」の「会」が呉音の「エ」だが、「絵」の呉音も「エ」である。「エ」が訓のように使われているというだけで、正しくは「絵」に訓はないのだ。

それならば、古代の固有の日本語では絵のことを何と言ったのだろうか。これが全く不明なのである。古代の土器や銅器にも絵は刻まれており、日本に昔から絵がなかったはずがない。そもそも、文字を持たない民族はあっても、絵を知らない民族はないのだ。それにもかかわらず、絵を意味する固有の日本語は今に伝わっていないのだ。

我々はしばしば安易に、美しい伝統的な日本語の崩壊を嘆き、逆に、言葉は時代とともに変貌して当然さと高《たか》をくくる。しかし、「蝶」や「絵」に相当する基本的な固有の日本語が千五百年以上も前に何の故にか失われた不思議を知る時、言葉の変化に対する類型的な議論は慎まなければならないとわかるだろう。

【補論】

本来「字音仮名遣い」（漢字の正仮名遣い＝旧仮名遣い）では、「絵」は漢音で「クワイ」、呉音で「ヱ」であるが、本論では現代仮名遣いで説明してある。クワイ→カイ、ヱ→エであるので、論旨は同じである。

ユリア樹脂と和訳語

欧米語を原語とする外来語は、どういう場合に使われるのだろうか。常識的には、次の二つである。

まず第一は、翻訳が困難もしくは不可能な場合だ。適当な訳語がないために、原語をそのまま片仮名表記する。

日進月歩の科学技術用語がその典型だが、少し古いところでは野球用語がそうだ。バット、グローブ、ボール、キャッチャー、バッターボックス、ホームラン……、数え出せばきりがない。野球というスポーツが輸入された際、全用語が一時に入ってきたため、訳語が案出されなかったり、案出されても定着しなかったからである。大東亜戦争の最中は、交戦国英米の言葉だったため敵性用語とされ、「キャッチャー」は「捕手」、「ホームラン」

は「本塁打」などの言い換えが強制された。中には今も使われている用語もあるが、「バット」を「打棒」と言うのなどは忘れられかけている。逆に、夜の試合を「ナイター」と言うような和製英語も出現した。

第二は、気取って使う場合である。

欧米がその本場であるファッション業界の外来語使用がその典型だ。服の色のちがいに白・黒・赤があると言えばいいものを、ホワイト・ブラック・レッドと言う。いかにも本場ものという感じがするからだろう。しかし、昨今の人気のイタリア服にもホワイト・ブラック・レッドでは滑稽千万である。ビアンコ・ネロ・ロッソとなるはずだが、これではよほど語学に詳しい人以外わからない。英語で代用させているところがおかしい。アメリカでは日本車が人気があるが、その日本車のカタログに、pai, hei, hong と書いてあるようなものだ。支那語で、それぞれ「白」「黒」「紅＝赤」を意味するが、アメリカで売られている日本車に支那語で色を表記しなければならない理由はあるまい。

ところで、以上二つの場合以外にも外来語が使用される場合がある。日本語では公言しにくい言葉を外来語で言う場合だ。つまり、婉曲《えんきょく》表現・代用表現としての外来語である。例えば、最近「クレイジーな」という言葉をよく見かける。「気ちがいじみた」が差別語ということで使えないため、代用語として使っているわけだ。また、「チャレンジ精神」という奇妙な言葉もよく目にする。「挑戦」が「朝鮮」を連想させるからだろう。「朝鮮」はそもそも差別語でさえないのに、一連の差別狩りの中で使いにくくなっているのだ。まことにクレイジーな話である。

これらの代用語は、その使用が強制的なものであるため、不合理・不健全な感じはぬぐいがたい。しかし、代用語の中には、事情がわかれば笑って許してしまうような例もある。

合成樹脂製の食器で「ユリア樹脂」と製品表示したものがある。「ユリア（urea）」は、むろん外来語だ。このユリア樹脂、訳語はちゃんとある。しかし、それが食器に使われるとちょっとまずい。なぜならば「尿素樹脂」だからだ。尿素といったって、オシッコを原料としているわけでもないし、放置しておくと食器からオシッコがにじみ出てくるわけでもない。しかし、「尿素樹脂」と表示してあるコップで水を飲むのは、消費者にいささか抵抗感があるだろう。片仮名のまま「ユリア樹脂」とすれば、音感から百合の花も連想できる。「尿素樹脂」を「ユリア樹脂」としたのは窮余の一策であった。

この「ユリア」、面白いことに英語圏でも別の問題を生じさせるらしい。

ＳＦ作家で科学評論家でもあるＩ・アシモフによれば、太陽系で七番目の惑星である天王星（uranus ウラナス）は、人前では発音しにくいという。urine（尿）と anus（肛門）の合成語のように聞こえるからである。原語のそういう語感を生かした「天王星」の訳語は、「天尿星」か「天肛星」となるのではなかろうか。

「ドライバー」のアクセント

近頃の若いモンの言葉遣いがおかしい。トシヨリなら必ず言う口ぐせのようなものだが、私が言うのは少し意味がちがう。

普通トシヨリが非難するのは、若い女性が乱暴な言葉遣いをするとか、「見られる」を「見れる」とするような俗語表現・口語表現に関わるものだ。こういったものは、あまり意味のある非難とは思えない。

俗語表現はいつの時代にもあったものだし、俗語表現なのだから乱暴に決まっている。若い女性たちが「てめえ、ハンバーグおごれよ」などと言い合っているのは、彼女たちの仲間同士の親密さの表れにすぎない。彼女たちも、これはと思う男性が登場してなお「てめえ」とは言いはしない。逆にお上品ブリッ子になってしまうだろう。

また、一般に口語表現は文章表現に較べ、概して杜撰《ずさん》になりやすいし、文法的にも誤りは多い。高名な文学者同士の対談であっても、テープをそのまま起こしたのでは、まず文章にはならない。雑誌などに載る対談録は、必ず後で手を加えてある。口語表現でも、正確で美しい言葉であるにこしたことはないが、あまりそればかりにこだわると口語特有の活力や現実感が殺《そ》がれることにもなる。

私が問題にする若いモンの言葉遣いの乱れというのはこれと少しちがう。アクセントのことだ。ＦＭ放送のディスクジョッキーなどのアクセントが、この頃どうもおかしいのだ。その結果、イントネーションもおかしくなる。

例えば、「レゲー reggae」。これは「レディー ready」と同じアクセントのはずである。しかし、若いモンは「レゲー」を尻上がりに発音する。もう一例挙げよう。オートバイの「バイク bike」だ。若いモンはこれを「俳句」のように尻上がりに発音する。本来これも「大工」のように尻下がりに発音しなければならない。

どうやら当節の若者たちは、外来語、とりわけ音楽やクルマに関する外来語を尻上がりに発音するらしい。この理由や由来は、前からいろいろ考えているのだが、まだよくわからない。ともかく、これは口語表現としても好ましくない。原語（多くは英語）のアクセントやイントネーションをわざわざ崩すことになるからだ。

しかし、我々は、原語の持つ複数の意味を、原音にはないアクセントのちがいによって使い分けるという器用なこともしている。driver（ドライバー）は、英語の発音では前半にアクセントがあり尻下がりになる。ところが、日本語化されると、尻下がりと尻上がりの両様に発音される。そして、それぞれに対応する意味がちがってくるのだ。尻上がりのドライバーは「ねじ廻し」、尻下がりのドライバーは「運転手」に当てられる。もちろん、これは日本語だけのことで、イギリス人もアメリカ人もあずかり知らない。彼らは、前後の文脈に応じて「ねじ廻し」か「運転者」か判断している。

明治時代に外国からさまざまな新奇な文物が入ってきた時にも、似たようなことが起きた。一つの外国語が耳で聞いた言葉と字で読んだ言葉に分かれ、原語の持つ複数の意味が使い分けられたのだ。

洋裁用語に外来語が多いのは当然だが、そのほとんどが耳で聞いた外国語だ。教育を受けていない職人たちが使う言葉だったからである。それらの外来語には、字で読んだ外国語とは別の意味が当てられている。

布にしるしをつける「チャコ」。原語ではchalkである。黒板に書く筆記具の場合は

「チョーク」となる。発音記号通りに読めば「チョーク」だが、実際に耳で聞けば「チャコ」の方が近いとも言えよう。

布を縫う機械「ミシン」。原語は（sewing）machine。機械一般を意味する時は「マシーン」になる。

ミシンに使う縒《よ》りの強い糸は「カタン糸」。固く縫ってあるという音感も込められているが、原語はcottonである。木綿一般を意味する時は「コットン」。

衣類をひっかけて固着させる「ホック」は、原語がhook。額縁などを壁面に吊《つ》る時に使うひっかけ金具は「フック」となる。

洋裁用語以外にも同様の例はある。

荷物用の無蓋《むがい》車を意味するtruckは、動力のないものが「トロッコ」、自動車が「トラック」と使い分けられている。

どの場合も、ほぼ仕事の現場と学校教育・科学技術というように意味が区別されるのが興味深い。

フンドジキンタルを笑うな!?

外国人の名前の中には、日本人にとって滑稽だったり時には卑猥《ひわい》に聞こえたりするものがある。芸能人や芸能グループの場合だと、とりわけ名前の印象も重要だから、関係者は苦労するようだ。

一九七〇年前後のことだ。グループサウンズが全盛の時代に「シャンデルズ」というグループが来日したことがある。本当は「ションデルズ」と発音するのだが、「小便が出る」を連想させるというので、無理に「シャンデルズ」としたらしい。そこまで神経質になる必要はなかったのだ。大した人気にはならなかったからである。一部のファン以外、誰もその名を憶えてはいない。

しかし、開き直ったと言おうか、小手先細工の修正は全くしないグループもある。いや、確かにこれでは手のほどこしようがない。なにしろ、「フンドジキンタル」なのだから。かえってインパクトさえある。

この「フンドジキンタル」、一九八〇年代の終わり頃から名前を耳にするようになったブラジルのグループである。ブラジルの伝統的な音楽サンバを本《もと》にした現代的なポピュラー音楽を得意としているが、どうも音楽の内容よりグループ名の方が注目されてしまったようだ。FM放送のディスクジョッキーが吹き出しながら紹介しているのを聞いたこともある。笑うなと言う方が無理だろう。「フンドジキンタル」では、日本語がわかる人なら誰だって吹き出してしまう。理由は書くまでもあるまい。

原語はポルトガル語で、Fundo de quintal「家の庭」というような意味になるだろうか。deがポルトガル語では「ディ」ではなく「ジ」と聞こえるところが、悲劇、いや喜劇のポイントとなった。CDのジャケットなどには「フンド・ヂ・キンタル」と表記したものが多いが、現代仮名遣いでは「鼻血」などの他は「ヂ」は使わない。普通なら「ジ」を使うところなのに無理をしてでも「ヂ」を使ったところが面白い。

ブラジルと言えば、一九五〇年代半ばの第一次プロレスブームの時に来日したボボ・ブラジルというレスラーの場合は複雑だった。九州に巡業すると大人気である。「ボボ！

ボボ！」の声援があがったりする。全国を巡っているうちに人気も出てきたのかと喜んでいたが、実は、九州方言で「ボボ」とは女性器のことだったのである。これではまずいというので、ポポ・ブラジルと改名したが、ポポでは語感が弱々しいのでプロレスラーらしくなくて困った、という話が伝わっている。Boboは英語で言えばfoolで、愚か者、さらに道化師という意味である。日本の九州では期せずして道化師になったわけだ。

日本人にとってのおかしな名前は、人名だけではない。地名にも多い。

マンガの性表現の限界をめぐる議論がよくあるが、太平洋のソロモン諸島の南には、エロマンガ島がある。もちろん、エロともマンガとも何の関係もない。

インドネシアのバリ島の北東部には、キンタマーニ高原がある。バリ島有数の景勝地と言われる美しい高原で、インドネシア観光のコースにはたいてい入っており、日本人で訪れる人も多い。しかし、旅行会社のテレビやラジオの宣伝では、アナウンサーは決してこの名を口にしない。

オランダのハーグの北に、スヘベニンゲンScheveningenという町がある。英語圏の人はこれを「スケベニンゲン」と発音する。これが日本人には「助平人間」と聞こえてしまう。ガデンヌの小説に『スヘベニンゲンの浜辺』があり、これが邦訳されてから知られるようになった。

スイスのレマン湖も、ちょっと口にするのをはばかるものがある。レマン湖国際女性会議となれば、なおさらである。幸か不幸か、これは私が今考えた架空のもので、実際にはそんなものはない。

アラビア半島の東南端には、オマーン国がある。かつてこの国の王族に嫁いだ日本女性がいた。やがて彼女は王女を生む。日本人の血の混じったその王女の生活ぶりをインタビューするために、日本人ジャーナリストとして初めて訪問したのが、朝日新聞の下村満子であった。彼女の名前は「みつこ」と読む、念のため。

一九六九年、支那とソ連の仲が険悪になり、国境線のあるウスリー川の中の島の領有をめぐって軍事衝突が起きたことがあった。問題の島の名は珍宝島だが、テレビのアナウンサーは、なぜか「ちんほうとう」と発音していた。この珍宝島、ソ連ではダマンスキー島という。どっちもどっちという感じがする。

こんな例は日本国内にもある。大阪出身の知人は、東京に出てきた時、高田馬場の近くの「馬場下」という地名がおかしくてしかたがなかった、と語った。公衆便所でもあるような気がしたらしい。

二人のヘップバーン

欧米人の名前の多くは聖書の中の登場人物からとられている。しかし、由来は同じであっても、民族ごとに発音や表記が少しずつちがっている。例えば、洗礼者ヨハネに由来する名前が、ドイツ語ではヨハン、英語ではジョン、フランス語ではジャン、イタリア語ではジョバンニ、スペイン語ではファン、ロシヤ語ではイワン、と変化する。慣れないうちは、本来同じ名前だとは気づかない。

日本人にも広く親しまれている詩人・小説家のヘルマン・ヘッセは、ドイツ生まれのスイス人だが、アメリカ人はこれを「ハーマン・ヘス」と発音する。我々には別人のように聞こえてしまう。

私の姓「呉」も東アジア一帯で共通して使われているが、民族ごとに発音がちがっている。支那人ならウー、朝鮮人ならオ、ベトナム人ならゴー、となる。日本では、これら外国人の「呉」はゴ、日本人の「呉」は訓読みで全く日本風にクレとなる。

面白いのは、同じ外国人名が日本語の中で別々の発音になっている例だ。

ヘップバーンというのは英米人に普通にある姓だ。この姓を持つアメリカの映画女優に有名な人が二人いる。『旅情』などのキャサリン・ヘップバーンと『ローマの休日』などのオードリー・ヘップバーンだ。この二人は「ヘップバーン」と発音されている。

ところが、幕末に来日した医師・宣教師で、日本語のローマ字綴りの方式を考案した人物でもあるアメリカ人がこれと同じヘップバーンでありながら、我々はヘボンとして知っている。彼の考案したローマ字綴りは、ヘボン式ローマ字である。

このヘップバーン、どの人も英語で書けばHepburnだ。アルファベットを見て片仮名に移そうとすると、「ヘップバーン」となってしまう。日本語には子音だけの発音は原則としてはないから、原綴りには存在しない母音が入るのだ。その結果、三音節の発音になる。しかし、本来これは二音節の言葉だから、「ヘッバン」か「ヘボン」あたりが原音に一番近いはずである。なまじアルファベットがわかる現代人より、目に一丁字《いっていじ》もない幕末の庶民の方が耳で聞いた通りの正しい発音をしていたのだ。

ちなみに言うと、ヘボン自身は自分の名前を漢字で「平文」と書いていた。ヘップバーンだとは思っていなかったのである。現在はほとんどの人名事典類では、女優の方はヘップバーンで、医師・宣教師の方はヘボンで、別々のところに載っている。

ところで、明治までの日本に大きな影響を与えた国は支那と朝鮮である。大和朝廷成立以後でも千五百年に及ぶ両国と日本の交流史の中で、たくさんの支那人名・朝鮮人名が日本で知られるようになった。当然、それらは漢字名としてである。ところが、漢字には同音異義が非常に多い。支那では、それが四声によって区別されるが、日本では字で見れば区別できても、耳で聞いただけではまぎらわしい。

普通、同音異義語は無理に訓読みにして区別している「化学」は「科学」とまぎらわしいので「ばけがく」、「私立」は「市立」とまぎらわしいので「わたくしりつ」、「氏族」は「士族」とまぎらわしいので「うじぞく」とするようなものだ。

古くは「文選読み《もんぜんよみ》」という漢字の特殊な読み方があった。難解な漢語は、まず音《おん》で読んで続けて訓で読むのだ。例えば、「蟋蟀」を「しっしゅつのきりぎりす」と読む。漢詩・漢文のアンソロジーである『文選』をわかりやすく読むために考案されたものだが、語調の良さから一種の修辞として『平家物語』などにも出てくる。同音異義語を区別のために訓で読むのは、現代の文選読みといったところだろう。

しかし、支那人や朝鮮人の名前は、同音のものが多いからといって、外国の固有名詞であるから訓読みにするのもおかしい。だが、これにも便法が考え出された。

孔子の弟子の「曾子」と、孔子を祖とする儒教に批判的な「荘子」とは、そのまま読めば同じ「そうし」である。両者はライバルの関係であるのに、同じ「そうし」では都合が悪い。そのため、荘子を「そうじ」と濁音化して読む習慣が定着した。また、「荘子」は思想家の名前であると同時に、彼の思想を述べた書物の名前でもある。人名の場合と書名の場合を区別するために、人名を「そうし」、書名を「そうじ」とすることもある。

先進的な異国の文化を確実に吸収するために、先人はさまざまな工夫を凝《こ》らしているのである。

ガリデブの珍奇さ

コナン・ドイルのシャーロック・ホームズものには、長篇が四冊、短篇集が五冊ある。この九冊のうちで最後のものが短篇集『シャーロック・ホームズの事件簿』だ。その中に『三人のガリデブ』という一篇がある。最後期の作品だけに、前に他の作品に使われたのと同工のトリックが使われており、ホームズ愛好家の間では必ずしも評価が高い作品ではない。しかし、中学時代にこの作品を読んだ私は、読者として未熟だったこともあるだろうが、非常に面白く感じた。

探偵小説であるから、肝心のトリックを明らかにするわけにはいかない。遠まわしに言うと、この作品では、ガリデブという珍しい姓が重要な役割りを果たしている。別言すれば、ガリデブという姓を思いついた時、作者ドイルの仕事の半分はすんだようなものであった。幼い私が魅せられたのも、まさにそのガリデブという姓の珍奇さと、姓が珍奇であるがために事件が起きる面白さであった。

さて、ずいぶん後になって、この「ガリデブ」は英語でも「ガリデブ」なのだろうかと気になった。近頃流行の〝超訳〟ではないが、原語を無理に変えているのではないかとの疑問を抱いたのだ。しかし、調べてみると、原語もちゃんとGarridebである。訳者が日本の読者の語感に合わせて原語を変えたわけではなく、もともと「ガリデブ」なのであった。

日本人にとってガリデブという姓は、それが日本人のものであればもとより、イギリス人のものだろうとエジプト人のものだろうとインド人のものだろうと、きわめて珍奇に響く。ガリガリにやせていてそのくせデブ、という奇妙な意味が読み取れるからでもあるが、その音自体が珍奇に響くことがもっと重要だろう。ところが、イギリス人にとってもガリデブという姓はひどく珍奇に響くというわけである。

話し言葉は、音と意味から成り立っている。意味は理知の働きによってわかるものだが、音は感覚的なものである。感覚的なものは民族の壁を容易に越えることができるのだ……と言い切ってしまっていいかどうかは疑問だ。

色は感覚的なものである。しかし、民族ごとに好ましい色や、色が象徴することがらは大きく異なっている。かつて支那では方位や季節を色によって象徴させた。それは次の通りである。

方位　季節　色
●東――春――青
●南――夏――朱(赤)
●西――秋――白
●北――冬――玄(黒)

この組み合わせのうち、「東・春・青」と「南・夏・赤」は我々にも理解しやすい。しかし、「西・秋」が「白」と結びつくのは理解しにくいし、「北・冬」が「黒」と結びつくのはさらに理解できない。現代の日本人には、「北・冬」は雪を連想させるため、こちらが「白」になるだろう。しかし、古代の支那人には、「北・冬」は万物の死を連想させ、「黒」が象徴色となったらしい。感覚的なものだからといって、民族の壁はそう簡単には越えられないのである。

ところが、一方でほとんどの民族で、赤は情熱や危険を象徴している。血や火の色だからだ。ここでは民族の壁は取り払われていると言えよう。

音楽でもそうだ。勇壮なマーチはどの国で演奏されても勇壮である。しかし、スコットランドのユーモラスな民謡『麦畑』は日本に入ってくると、もの悲しい望郷の歌『故郷の空』に変わってしまった。

感覚的なものは、民族の壁を越えやすいとも言えるし、そんなことはないとも言える。初めて英語を学んだ頃、否定のNoやnotにn音が使われていることに、妙に納得がいった人も多いだろう。日本語でも「ない」「ぬ」など、否定語にはn音が使われている。英語以外のヨーロッパ語もおしなべてそうだ。n音にはねばりつくような、すべてを塗り込めてしまうような音感があるからだ、と言えそうだが、これも単純に断定はできない。お隣の支那語では、否定語は「非」「不」「否」「弗」などh音（現代支那語ではf・p・b音）になるからだ。

そうすると、『三人のガリデブ』は全く偶然にもイギリス人にとっても日本人にとっても納得できる探偵小説となったということになるだろうか。

未希子さん、読まないで

初めにお断りしておいた方がいいだろう。この章に限っては次の二条件が該当する人はお読みにならない方がよろしい。

①プライドが高く、反面、ちょっとしたことにも傷つきやすい。

②自分や近親者や親しい人物の名前が、未希男、未紀子、亜希夫、亜美、亜理、亜由美……などである。

①と②に該当する人は、申し訳ないが、この章をすっとばしていただきたい。今回は、未希男、亜美……といった名前を悪く言う話だからである。

前置きはこのぐらいにして、本題に入ろう。岩波書店から『ビートルズを知らなかった紅衛兵』という本が出ている。一九六〇年代後半から十年間、支那全土を大混乱に巻き込んだ文化大革命の記録だ。著者は唐亜明。一九五三年に北京に生まれ、少年時代に紅衛兵体験がある。この本は、歴史の記録としては意味があるけれど、その歴史を分析する著者の思想は単純すぎて学ぶべきものはない。ただ、テーマと離れたところに、面白い話が載っていた。著者の「亜明」という名前に関する話だ。

亜明という名前は「亜細亜《アジア》の光明」というつもりでつけられた。立派な名前だし、当人も誇らかに思っていた。ところが、ある時、年長の教養人から、「あまり明るくない名前だね」とからかわれた。確かに、そういう意味になるのである。

亜という字は「亜流」「亜熱帯」などに使われている。「亜流」とは「一流の物真似をする二流」のことであり、「亜熱帯」とは「熱帯の次に熱い地帯」のことである。「亜」は「次の」「第二の」という意味なのだ。従って、「亜明」なら「二番目に明るい」とか「明るさでは二流」という意味になる。「亜細亜の光明」と読ませるのはいささか苦しい。

興味深いのは、日本語とは文法構造がちがう支那語を使う支那人が、このいささか苦しい読み方で名前をつけたことだ。漢文・漢語では否定語が上に来る。「人が無い島」が漢語化すれば「無人島」である。これは、漢文・漢語の本《もと》となった支那語が、英語と同じような構造を持っているからだ。その支那語を母国語とする人でさえ、「亜明」があまり明るくない名前だと気づかず、息子の名前にしたのだ。

さて、日本人の名前である。「亜」を使った名前を時々見るが、それはどういう意味になるのだろうか。

「亜希夫」はどうなるか。「第二希望の夫」だ。特に美男でもないし、学歴も高くないし、収入も大したことはない。好人物だけが取り柄。お見合いでもスベリドメ扱い。こんな意味になってしまう。「亜美」も、洒落《しゃれ》たつもりだろうが、意図は全く裏目に出ている。「美」の字が入っているものの「亜」がそれを打ち消しているからだ。「美しさでは二流」という意味になる。芸能人はつけない方がよかろう。「亜由美」は「美の由来」が否定される。これも芸能人には向かない。「亜理」なら「すじみち」が否定される。理科系が不得意なのか、人生の裏道を歩むことになるのか、どちらにしろ良いことではない。

「未」が入った名前も、意味を考えてみるとまずいことになる。「未希子」は「未来への希望の子」のつもりだろうが、そうは読めない。「未《いま》だ希《ねが》わざる子」となる。まだ子供なんて欲しくなかったんだけど、出来ちゃったんだから、しょうがなくて生んだ子……なのかな。「未和子」は、どうか。「未だ和せざる子」だから、略奪婚で無理矢理連れてきた女に生ませた子、というような意味になるだろう。

「亜」も「未」も否定語だから、人名に使うには慎重であるべきなのだ。もっとも、否定的な意味の言葉をもう一度否定するという使い方なら良い意味にならないでもない。新興俳句の指導的役割りを果たした秋元不死男など、「死」が入っていながら「不」がそれを否定し、かえって強烈な印象を与える。俳人ならではの鋭い言語感覚によるものである。逆に言えば、普通の人にとっては否定語の入った名前をつけるのはむつかしいということでもある。

それなのに、「亜」や「未」の入った名前にけっこう人気があるのは何故か。「亜」も「未」も左右対称形で、視覚的に美しいからだ。これが否定語であることが忘れられがちなのである。「亜」や「未」の他にも、「不」「否」「非」「弗」「莫」など、多くの否定語が左右対称形か準対称形になっている。字原に共通する要素はなく、偶然そうなっただけだろう。しかし、バツ印の「×」が左右対称形であるように、意味が発現するのを防ぎ止めるイメージが投影されているとは考えられないだろうか。否定のために「×」をつけるのも、多くの民族に見られることである。

「高雄」は訓読みか

北海道札幌市に「月寒」という地名がある。この「月寒」、かつては「つきさっぷ」と読んだ。ところが、この頃ではなしくずし的に「つきさむ」と読むようになった。北国の冴《さ》え渡る冬空に寒月が浮かんでいるという感じがするからだろうか、「つきさむ」が正しいと思われるまでになっている。旧国鉄の駅名は「つきさっぷ」だったが、それを知る人も今では少なくなってしまった。

北海道の地名には、大和言葉からは異質に思えるものが多い。先住民の言葉アイヌ語を起原とするからだ。「月寒」も本《もと》はアイヌ語である。原形は諸説あって必ずしもはっきりしないが「チキサ・ニ」だろうというのが有力だ。「チキサ・ニ」とは、火鑽《ひきり》の樹、すなわち、木片と木片を摩擦して火を作るのに用いる樹の意味で、春楡《はるにれ》（一名、アカダモ）のことである。このあたりに春楡の樹が多かったのだろう。その「チキサ・ニ」が訛《なま》って「ツキサップ」になり、明治以後これに「月寒」の字を当てるようになった。この字に引きずられて、昨今では「つきさむ」が主流になったわけである。

長い歴史の流れの中で言葉の変化はやむをえないこととはいえ、多数派である大和民族の言葉が少数派であるアイヌ民族の言葉を圧《お》し潰すようにして変えていくのは、あまり感心したことではない。しかも、皮肉なことに、大和民族の大和言葉によって変わったのではなく、本来は支那人の文字である漢字を当てたことによって変わったのだ。

こういう皮肉な例は他にもある。

台湾の南西部に「高雄」という港町がある。この「高雄」は支那語で「カオシュン」とも読むが、「たかお」とも読む。多くの百科事典では、「カオシュン」と「たかお」の両方を見出しにしている。「カオシュン」は当然として、「こうゆう」と音読みするならともかく「たかお」では訓読みだ。支那語の地名を訓読みとするのは奇妙である。「上海」を「うえうみ」、「香港」を「かおりみなと」と読むようなものだ。もちろん、「うえうみ」や「かおりみなと」などという読み方は、どんな事典にも載っていない誤読である。「高雄」だけが訓読みの「たかお」でもかまわないのだ。

理由は、これも〝日本語の支配〟である。台湾は、日清戦争の勝利で日本が支那から割譲を受け、大東亜戦争で日本が敗北して領有を放棄するまでのちょうど五十年間、日本の植民地だった。日本の植民地になる前の「高雄」は「打狗《ターコー》」と言った。それが日本の統治によって近似音の「高雄」と名を変えられ、植民地支配から解放された後も「高雄」の字だけが残り、読み方が現代支那語で「カオシュン」となったのである。

「月寒」や「高雄」とは逆に、日本語の地名が外国の支配によって変わってしまうこともある。東京渋谷に「スペイン通り」というのがあるが、これは商業主義的な命名だから、ちょっと別だ。長崎の「オランダ坂」は、これもちがう。戦後二十七年間アメリカの統治下にあった沖縄での話だ。

沖縄県沖縄市は、一九七四年まではコザ市と言った。広大な米軍基地があり、反基地運動の報道などで「コザ市」の名前を記憶している人もいるだろう。この「コザ市」、日本で唯一の片仮名の市名であった。漢字で「胡差」と当てることもあったが、片仮名が正式名である。理由は、米軍の統治によって地名が訛ったことだ。戦前、この地は「胡屋《ごや》」と呼ばれていた。「ごや」がアメリカ人には発音しにくいらしく、「コザ」と訛り、そのまま正式名になった。正式の漢字がなかったのは、「日本」が英米人に「ジャパン」と呼ばれたからといって、「ジャパン」という漢字はないようなものである。

世界中のどの国にも地名の変化の歴史はある。王朝や政権の交代によって都市名が全くちがったものに変わることは珍しくない。しかし、日本語には、平仮名、片仮名、漢字の三つの表記があり、さらに、漢字には音読みと訓読みがあるため、地名の変化は微妙かつ複雑になるのだ。

相州の南が湘南

人間の心理は不思議なもので、実用上は何の意味もないことに過大な差異を見出す。いわゆるブランド商品がその典型だ。ブランドbrandは焼印のことで、転じて商標・銘柄を意味するようになった。従って、そもそもはその商品の品質を保証するしるしのはずである。ところが、しるし以上の意味を待つようになり、ワッペン一ついているだけで同品質の非ブランド品よりも圧倒的に高価になる。単なるしるしが独り歩きしているのだ。

それでも、しるしは実体を象徴していると言えば言えよう。ところが、自動車のナンバープレートにまで類似の現象が見られるらしい。同じ高級外車でも、ナンバーによって高級感に差が出るというのだ。首都圏の場合、埼玉ナンバーや足立ナンバーはダサく湘南ナンバーはカッコいいという。湘南は高級住宅地だという理由からだが、湘南全域が高級住宅地だというわけでもあるまい。ブランド信仰の愚劣さがきわまった感じがする。

もっとも、「湘南」という言葉自体が実はブランド信仰の産物なのだ。

湘南は神奈川県南部の海岸地帯である。神奈川県は江戸時代までの国名が相模《さがみ》、すなわち相州である。その南部だから本来なら「相南」となるべきだ。読み方は、漢音で読めば「しょうなん」、呉音で読めば「そうなん」、これはどちらでもいいだろう。しかし、用字が「湘南」というのは、少しおかしい。サンズイが余分である。これでは「さがみ」は「湘模」だということになる。

一体、何故サンズイがついたのだろうか。

「湘」はもともと支那の河の名前である。湖南省の河で、洞庭《どうてい》湖に流れ込む。「湖南」は洞庭湖の南だから、こう言う。この湘江（湘水とも言う）の南、すなわち「湘南」は気候がよく、風光明媚《めいび》な土地として知られる。そこで、これを勝手に流用して、相州の南を「湘南」としたわけである。相模の海岸地帯だからサンズイがふさわしいように思えないでもないが、本家湘南の湖南省は内陸地帯だから海ははるかに遠い。「湘」にサンズイがついているのは河の名前だからだ。同じ水でも真水と塩水のちがいがある。そうだとすれば、相州の南を「湘南」と称するのは、ブランド信仰というより、贋《にせ》ブランドと言った方がいいかもしれない。

この贋ブランドを考案したのが誰かについてはよくわからないらしい。ただ、支那文明についての憧れが生きていた時代だから、昭和初期より前であることは確かだ。今なら、欧米のリゾート地の名前を流用することになるだろう。サーファーもどきやヨットマン気取りが湘南もどきの「湘南」ブランドをありがたがるのも、不思議なめぐり合わせである。

名の知れた地名を流用する例は他にも多い。日本各地に存在する「どこそこ銀座」など、江戸時代の銀貨鋳造所《ちゅうぞう》（銀座）という意味とは全く無関係に流用されている。終戦直後は、平和国家日本という意味で、日本は「東洋のスイス」であるともいわれた。おそらく、スイス人はこんな事実を誰一人知らないだろう。

スイスといえば、アルプスだ。ところが、日本にも「日本アルプス」がある。中部地方の山岳地帯につけられた名称である。これも、おそらくスイス人にとっては大笑いだろう。しかし、「日本アルプス」の命名者は日本人ではない。明治期に来日した英人鉱山技師W・ゴーランドが命名し、次いで英人宣教師W・ウェストンが『日本アルプスの登山と探検』を出版し、この名を広めた。特にウェストンの功績は大きく、それまでは修験者《しゅげんじゃ》などが行なった宗教的行為としての登山しかなかった日本でスポーツとしての登山の祖となった。これを称《たた》え、今も毎年六月、上高地でウェストン祭が行なわれている。

ところで、北アルプスには「白馬岳」がある。これは「しろうまだけ」なのか「はくばだけ」なのか。最近は「はくばだけ」と読む人が多くなっているし、山麓《さんろく》には「白馬村《はくば》」があり、JRの駅名も「白馬《はくば》」である。しかし、本来は「しろうま」が正しい。

白馬岳では、毎年春になると、山腹の雪溶け跡が馬の形になる。村の農民たちは、これを代掻《しろか》き馬に見たてて「しろうまだけ」と呼んだ。代掻きとは、田植え前に水田の泥を掻きならすことで、よく馬が使われた。山腹に代馬が現れると、春の農作業を始めることにもなっていた。一種の農事暦である。「代馬」を「白馬」と書いたのがまちがいのもとだが、これを「はくば」と読むのはなお一層のまちがいである。

竹製のダッチ・ワイフ

七月八月は寝苦しい夜が続く。腕と身体が密着しないで、空気の通る隙間があれば涼しいのに、と思う。冷房装置も扇風機もなかった昔の人は、なおさらそう思ったはずだ。そこで、「抱き籠《かご》」というものを考案した。竹を編んだ籠である。これを抱きかかえて寝ると、編み目を空気が通って涼しい、というわけだ。

自然の涼を呼ぶものとしてなかなか風情があるが、この抱き籠には、さらに雅《みや》びな別称がある。竹夫人《ちくふじん》と言う。竹でできた奥方という意味だ。それなら女性が使う抱き籠は何と言うんだ、などと詰問されても困る。単なる見立てなのだから。

●山河古《ふ》り竹夫人また色香なき（山口青邨《せいそん》）

竹夫人は夏の季語なのである。

さて、この風情もあり雅びでもある竹夫人、英語では何と言うか。竹夫人に英語？ と思う人がいるかもしれない。が、ちゃんと英語がある。しかも、思わず赤面するようなのが。なんと、ダッチ・ワイフがそれだ。

ダッチ・ワイフというと、我々はつい人造代用女性のことを思い浮かべる。確かにB級雑誌の通信販売広告などには、その意味で使われており、まちがいではない。しかし、ちょっと大きめの英和辞典でDutch wifeを引いてみると、「竹夫人」と訳語が出ている。これはどうしたことだろう。

ダッチ・ワイフ、すなわち竹夫人は、本来熱帯で使われた。それも、幼い時は温帯や寒帯で育ち、後に熱帯地方に移り住んだ植民者が愛用したことは想像に難《かた》くない。オランダ人たちは十七世紀初めに東インド会社を設立、以後、二十世紀半ばまで植民者として東南アジアに広く進出していた。オランダ人植民者が抱き籠を愛用し、それを戯《たわむ》れにDutch wifeオランダ人の妻と呼んだのだろう。むろん、そう呼んだのはオランダ人以外のヨーロッパ人にちがいない。単身赴任のオランダ植民者に対する蔑《さげす》みの感じがあるからだ。

また、こういう説もある。先に言ったようにオランダ人は広く海外に進出したのだが、港町の歓楽街で娼婦《しょうふ》を買う金を惜しみ、人造代用女性を利用した。そのため、人造代用女性をダッチ・ワイフと呼ぶようになった。竹夫人もやがてこれと混同されてダッチ・ワイフと呼ばれる、と。

Dutch（オランダ人の）という言葉は、英語では差別的にも「けち」を意味するから、これもうなずける説だ。学生言葉の「ダッチ・カウント（オランダ式の勘定）」が「割り勘」の意味なのも、これである。ただ「ダッチ・カウント」は日本風に変化しているらしく、英語では「ダッチ・トリート Dutch treat（オランダ式のおごり）」である。

ところで、人造代用女性は〝南極のお姫様〟と俗称されている。かつて、南極越冬隊がこれを持参したという話にちなむ。またもB級雑誌の通信販売の広告なのだが、この〝お姫様〟に古い型と改良型があり、それぞれ〝南極一号〟〝南極二号〟と名前がついている。二号というのは妾《めかけ》を連想させて面白い。

これら人造代用女性の広告は、必ずと言っていいほど、南極越冬隊御用達《ごようたし》を謳《うた》っている。その会社の製品が御用達だったかどうかはともかく、そもそも、越冬隊は本当に人造代用女性を持っていったのだろうか。

多くの人は、これを単なる噂にすぎないと思うだろう。だが、これは歴史的事実なのだ。第一次南極越冬隊隊長・西堀栄三郎の『南極越冬記』（岩波新書）に、さりげなく、しかし、ちゃんと出てくる。ついでに言うと、岩波書店の出版物でダッチ・ワイフの記述が出てくるのは、本書だけである。一九五七年五月十日の項がその問題の箇所だ。

「十日。イグルー［エスキモー式の氷の小屋］を整備し、人形をおく。みんな、この人形を、ベンテンさんとよんでいる。

わたしは、越冬を実行するまえに、この問題をどう解決したらよいか、いろいろ考えた。大して重大に考えなくても、けっこうコントロールがつくようにも思えるし、また、越冬隊員には若くて元気な人もいるのだから、やはり処置をこうじておかなければならないようにも思う。出発前に、オーストラリアを訪れたときも、わたしは、ざっくばらんにむこうの人たちの経験も聞いてみた。いろいろ考えたすえが、こういう案になったわけである」

うっかりすると読みすごしそうにさりげないが、明らかにソレのことである。

さて、この〝南極のお姫様〟、実際には誰も使用しなかったと、これも『南極越冬記』の七月二日の項に記されている。当事者自身の言だから真偽は判定しにくいが、たぶん真実だろう。本来ダッチ・ワイフは涼を取るために使うものだ。南極越冬隊が使わなかったのも、無理はない。

ガイガー計数管は何と鳴る

「閑古鳥《かんこどり》が鳴く」という表現がある。閑古鳥の鳴き声が聞こえるほど静か、転じて、商店などに客が来なくてひっそりとしている様子を言う。商店の軒《のき》に巣を作る鳥は燕《つばめ》ぐらいのものだ。燕ならともかく、他の野鳥が寄りつくようでは、商売繁盛とは言えない。

さて、閑古鳥が鳴くとは言うものの、一体どういう声で鳴くのだろうか。こう問われると、冗談で、そりゃカンコーって鳴くんだろう、と答える人がいる。実は、これが正解である。閑古鳥とは郭公《かっこう》の別名で、「かんこ」も「かっこう」も、その声を表している。町中《なか》にいる鳥ではないし、当てた感じも「閑古」といういかにもさびれた字だ。それで、商店などがはやっていない様子を表すようになった、というわけである。

ところで、放射能を測定する機械に、ガイガー計数管がある。このガイガー計数管、放射能を検知すると、どういう音を出すのだろうか。まず九割の人が、ガーガーという音を出す、と答える。だが、それは真実ではない。

一九五〇年代、私の少年時代に、ガイガー計数管が出てくるこんな世相マンガを見たことがある。魚屋の店頭に並んだ魚が放射能汚染されているのではないかと、何人かが不安そうに見ている。そこへ計数管を持った少年が登場、問題の魚に計数管を近づける。すると、計数管はガーガーと鳴り出す。驚きおびえる大人たち。少年はニヤリと笑って、計数管を開ける。その計数管はただの木の箱で、中に家鴨《あひる》が入っていた……。

似たようなマンガを他にもよく見たものだ。放射能という目に見えない汚染の恐怖とそれを検出するハイテク(当時の)技術に誰しも強い関心を持っていたからだろう。さすがに最近ではガイガー計数管の出てくるマンガも見かけなくなった。と思っていたら、なんと、朝日新聞の連載四コママンガが、一九五〇年代と同じネタ、同じセンスでガイガー計数管を登場させているではないか。

一九九三年十月二十日付夕刊の『サミット学園』(山井教雄)である。ロシヤの核廃棄物の海洋投棄を〝諷刺《ふうし》〟したものだ(次頁図版)。ロシヤがいかに危険はないと弁明しても、ガイガー計数管にはちゃんと検出されているぞ、ということらしい。

この作品で驚かされるのは、マンガのセンスが三十年以上変わっていないことと同時に、ガイガー計数管に対する誤った認識も三十年以上変わらずに定着してしまったことだ。すなわち、ガイガー計数管はガーガーと鳴るという誤解である。

ガイガー計数管は、ドイツの物理学者ハンス・ガイガー Hans Geiger によって一九二八年に考案された。計数管の中に放射性粒子が入ると放電が生じ、それを増幅して音を出したりメーターの針を動かすようになっている。従って、計数管の発する音は、別に放射能の音ではない。放射能に音があるはずもないが、放射能を検知した放電現象がスピーカーを鳴らす音なのである。だから、もし音声機構を工夫すれば、どんな音でも出すことができる。建物の入口に感知器があり、誰か人が入ってくると、ピンポーンと鳴る装置がある。同じ装置で「いらっしゃいませ」と合成音が出るものもある。これと同じことだ。どんな音でも出せる。しかし、放射能を検知するのに趣向を凝《こ》らしてもしかたがないから、普通は、ピーピーピー、もしくは、パラパラパラといった音になっている。ガーガーと鳴るガイガー計数管なんていうものは、メーカーに特注でもしない限り、存在しない。

　山井教雄をはじめ多くの人がガイガー計数管がガーガーと鳴ると思っている理由は簡単である。考案者ガイガーの名前の音感によるものだ。機械が故障した時のガーガーという音や、雑音の入る接触の悪いラジオで台風や地震のニュースを聞いた記憶もこれにからんでいる。ガイガー——故障・雑音——緊急事態——危険——放射能、という連想が働くわけだろう。

　さて、ガイガーという人名を人名と受け取れず、機械の故障音やラジオの雑音の擬音だと取りちがえる、ということは、いかにも日本人的なことである。欧米人なら、ガイガー計数管がガーガーと鳴るというようなまちがいは生じない。少年が箱に入れた家鴨でいたずらをするマンガは、外国人には絶対に理解できないマンガなのである。山井教雄の『サミット学園』の方はどうだか知らないけれど。

浴衣の雅び

近頃の若いモンの言葉遣いがおかしい、という声はよく耳にする。しかし、そう言う人たちに何がどうおかしいのか、突っ込んで聞くと、たいてい、流行語のことであったり、仲間同士の乱暴な口のきき方であったり、ということばかりだ。こういうものは、おかしいと言う方がおかしいのだ。近頃に限らずどんな時代でも、粗野な表現、軽薄な表現、くだけた表現、というものは存在する。それが使われるべきでない場所で使われた場合のみ、ふさわしくない言葉として非難されてもよい。

というような話は前にも書いた。

それなら、ふさわしいとかふさわしくないとは、どういうことだろうか。これは衣類に譬《たと》えるとわかりやすい。衣類には正装もあればパジャマや水着もある。結婚式にパジャマで出席した場合には非難されてもしかたがないが、日曜日に家ですごす時はパジャマのままでも非難されるいわれはない。

微妙なのは、美意識がからんでくる場合だ。結婚式にパジャマで出席するのは、社会的ルールとして誤りである。しかし、誤りではないがあまり美しくない衣装というものがある。明治の初めの鹿鳴館の正装がその好例だろう。これに較べれば、伝統的な浴衣《ゆかた》姿の方が略装ながら美しく見える。美は、このように、長い時間の中で自然に熟成されるものであり、ルールとはちがって正否を截然《せつぜん》とは論じにくいものである。言葉遣いは、正否の問題であるとともに美醜の問題でもあるから、議論は複雑になるのだ。

ところで、今書いた「浴衣」だが、これを「湯帷」と書くべきだと言う人がある。なぜならば、「ゆかた」は「ゆかたびら（湯上がりに着る帷子《かたびら》）」の略だから「湯帷」となるはずだ、というのだ。確かにもっともである。しかし、それなら、「湯帷」よりも「湯片」の方がもっと適切だとしなければなるまい。「かたびら」は「片枚《かたひら》（一重《ひとえ》の着物）」というのが本義だからだ。

とすると、「ゆかた」は「湯片」「湯帷」と書いてもよく、ある時代にはそう書いた可能性もあるが、長い時間の中で「浴衣」と書くことが選択され、次第にこの字が熟成して美しく見えるようになったのだ、と考えるのが一番妥当だということになろう。

兼好法師は『徒然草』第二十二段で、こんなことを言っている。

何事によらず、昔の雅《みや》びなものがしたわしく思われる、今のものはひどく下品になってゆくようだから。文章なども古人の手紙に書かれたものは美しい。話し言葉もどんどん感心しないものになってゆく。古老が慨嘆してこう言う。「昔は『車をもたげよ』とか、『灯心をかかげよ』と言ったものだ。それを近頃では『車を持ち上げよ』とか、『灯心を搔《か》き上げよ』と言う。腹立たしいことだ」

言葉の本来の発音・用字が、かえって兼好には下品で汚らしく思えたのである。しかし、我々にはまたそうでもない。本来のままであるならば、言葉遣いのルールとしてはむしろ正しいと言ってもいいからだ。

類似の例をいくつか挙げておこう。上が熟成された用字、下が本来通りの用字である。どちらも、正否という意味合いでは、まちがってはいない。

●たらい：盥／手洗い
●たまご：卵／玉子
●たたずむ：佇む／立休む（または、立住む）

●とりこ…虜／取り子
●いまだに…未だに／今だに
●さかのぼる…遡る／坂上る
●なげうつ…抛つ（擲つ）／投げ打つ
●おもちゃ…玩具／御弄（「弄ぶ」から来た言葉なのでこれでいいが、「弄ぶ」は「持て遊ぶ」だから、「御持ちゃ」でもいいはずである）
●うちわ…団扇／打ち羽
●すし…鮨／寿司／酸し
●さきもり…防人／先守り

本来通りの用字で十分に通じるものもあるし、熟成された用字の方が理解しやすく、かつ雅びて見えるものもある。この「みやび」も「都び（都風で洗練されている）」が語原であり、さらに溯れば、その「都」は「宮処」だから、「宮び」ということになる。「宮び」では兼好法師でなくとも、あまり雅びには思えない。

日本語にはなかった「ヨリ」

日本語の文字表記は、表意文字と表音文字を併用する漢字仮名交じり文である。しかも、その仮名には片仮名と平仮名がある。この三つの文字体系を併用することによって、日本語の文章表現はきわめて多彩なものとなっている。

仮名のうち平仮名と片仮名は表音文字としては等価のはずである。しかし、片仮名には平仮名にはない特殊な役割りがある。それは、音声性の表現である。平仮名も片仮名も同じ表音文字ではあるが、平仮名はあまり音声を感じさせない。一方、片仮名は容易に音声を感じさせる。その意味では、文字というより発音記号に近いとも言えよう。

平仮名には草書体があるが、片仮名には楷書体しかない。平仮名はそもそもが漢字の草書体の変化したものであるのに対し、片仮名は漢字の部分を取ったものだからである。こうした片仮名の由来が文字よりも発音記号に近い性格を付与したのだろう。
擬音語・擬態語に片仮名が使われるのも、その音声性のためだ。例えば、次の二つの文章を較べてみよう。微妙なちがいがわかるはずだ。

●胸がどきっとした。

●胸がドキッとした。

後の文章の方が音感的で生々しい感じがする。ただ、それが適切かどうかは、文章の意図によってちがってくる。生々しいからこそ良い場合もあれば、生々しすぎて品がなくなる場合もあるだろう。

外国語や外来語を表記するのに片仮名が使われるのも、その音声性を表現するためである。片仮名はまた、ある言葉を強調するためにも使われる。地の文から浮き上がるのと同時に、その言葉に力を込めて発音している感じがするからだ。この使い方も、効果的な場合と逆に目障りになる場合とがある。最近では、若者向けの雑誌などの軽い文章に片仮名が多用される。片仮名の音声性を利用してその言葉を強調し、呼びかけの効果を狙っているのだろう。例えば、こんな文章によくお目にかかる。

●キミが欲しいのは、カネか、クルマか、オンナか。ボクたちがコツを教えよう。

若者向けの軽い文章ならこれもいいだろうが、重厚な文章の場合には逆効果である。ところが、学術的な論文、それも最近のものならともかく、厳格な教養主義が生きていた時代の学術論文に、奇妙な片仮名を見ることがある。「ヨリ」だ。

例えば、一九五二（昭和二十七）年刊、政治学者丸山眞男の『日本政治思想史研究』（東京大学出版会）に、こんな文章がある。

●この検証で、下部構造の変動の衝撃が認められれば、ヨリ流動的なヨリ政治的現実に接続する部面での解体過程や下部構造との関連は比較的容易に把握しうると考えたわけである。

ここに出てくる「より」はもとより外国語ではないし、強調すべきところでもないし、若者に呼びかけているわけでもない。現在の我々には、無意味で軽薄な片仮名使用と受け取られがちだ。しかし、これにはちゃんと理由がある。特殊な表現であることを強調するための片仮名使用なのだ。

「より」は、本来、比較を表す格助詞である。助詞は、その名の通り、基本となる言葉を助ける付属的な言葉で、単独では使えないし、語頭に来ることもない。「僕は」「先生の」「恋なんて」「神よ」「日本人だけ」というように、基本的な言葉の後につけて使う。「より」もそうだ。

●僕より先生の方が大きい。

というのが本来の使い方である。ところが、「ヨリ流動的な」という時は、「より」が語頭に来ている。つくべき基本的な言葉がない。すなわち、この「ヨリ」は本来の助詞としてではなく、「もっと」という意味の副詞として使われているのだ。

どうしてこんな使われ方をするのか。欧米語の形容詞の比較級を翻訳する時の便法としてである。

現代人はともかくも英語の基礎だけは習得し、比較級という概念を知っている。しかし、本来日本語には比較級という概念はない。「僕より先生の方が大きい」というように、二つの具体物が比較の助詞で結ばれるだけで、形容詞は級変化する必要がない。逆に言えば、二つの具体物なしでは、形容詞だけで比較を表現できない。英語なら、比較級を使えば、形容詞だけで比較の表現ができる。これがかつては斬新な感じがした。本来の日本語ではないが、一種の新語として知識人の間に通用した。そういう特殊な使い方だという意味で片仮名を使って「ヨリ流動的な」などとしたのだ。軽い文章にではなく、重厚な論文によく出てくるのも、知識人たちの間で使われた言葉だったためである。

容貌魁偉に怒るべきか

当用漢字の「当用」とは、さしあたって用いるという意味である。「当座の用」の略だと考えれば、ほぼまちがいない。漢字は種類が多いけれど、一般の国民はさしあたってこれだけの字を知っておきましょう、マスコミもこの漢字を国民が使えるように啓蒙《けいもう》をしましょう、という趣旨で、敗戦まもない一九四六（昭和二十一）年に政府訓令として公布された。戦後の国語改革の一環である。

政府が音頭をとって国語改革をしたり、漢字の標準を定めたりすること自体は、必ずしも悪いことではない。問題なのは、それが漢字制限になり、一種の文化統制になったことである。当座の用にする漢字の基準を示したと言いながら、実は、これ以外の漢字は公的なところで使うことはまかりならん、という統制だった。戦後三十年以上この統制への不満がくすぶり続け、一九八一年になってやっと統制色の弱い常用漢字に改められた。しかし、この三十五年間、無用な漢字制限をしたため、おかしなことが起きている。

例えば、よく目にする「世論《せろん》」。

戦後までこんな言葉はなかった。あったのは「輿論《よろん》」である。「輿」とは、玉の輿《こし》の輿、すなわち貴人の乗るかつぎかごのようなもの、また、台車の一種でもある。これは大勢の人でかついだり引いたりする。また、その人たちは庶民階級の人でもある。それで世の多数の人たちの論を「輿論」と言う。ところが、輿の字は当用漢字でないので使えない。そこで、世の字で代用させ、「世論《よろん》」という言葉を作った。しかし、これでは音訓ごちゃまぜの湯桶《ゆとう》読みである。今度はその新語をもう一度読みなおして「世論《せろん》」としたわけである。

また、軍事用語の「迎撃《げいげき》」も戦後作られた言葉である。迎撃用ミサイルの「迎撃」だ。意味は、迎え撃つことで、確かに字を見ればすぐわかる。しかし、迎え撃つことは本来「邀撃《ようげき》」と言った。ところが、漢字制限のため「邀」が使えない。そこで「迎撃」という言葉が発案されたわけだが、おそらくその背後には、「邀《よう》」と「激《げき》」とを類似視する心理があり、「激」に音が近い「迎《げい》」を選んだのだろう。言葉の歴史を無視し、ただ字を見て意味がわかるだけでいいと言うのなら、「口頭試問」も「口答試問」に変えてしまえばいいのだし、「消防署」も「消防所」に変えてしまえばいいのである。ついでに「文部省」も「文部所」にしてかまうまい。

それでも、「世論」や「迎撃」は一応意味が通じるからまだいい。意味が逆になってしまっている言葉もある。「容貌魁偉《ようぼうかいい》」がそれだ。

こういう例文を考えてみよう。

「実際に会ってみると、上野君には容貌魁偉という言葉がぴったりだね」。

さて、これは上野君をほめたのだろうか、それとも喧嘩《けんか》でも売っているのだろうか。

上の二字「容貌」はすぐわかる。顔かたちである。それが「魁偉」だとは、どういうことだろう。

「魁」は訓で読むと「さきがけ」。秋田県に「秋田魁新報」という名門地方紙がある。「さきがけ」とは「先駆け」で、先頭を行くこと。いかにも news（新しいもの）を追う新聞社らしい名前だ。英米の新聞・雑誌名に多い herald（先駆者）も意識しているのだろう。いずれにしても「魁」とは、先頭を行くとか第一のという意味であり、また、本来は大いなる者という意味であったらしい。「偉」は、偉人とか偉大とかの偉。立派であることだ。

そうすると、「魁偉」は、大きくて非常に立派であるという意味になる。「容貌魁偉」とは、英雄武将のように立派な容貌であることなのだ。もちろん由緒正しい言葉で、『後漢書』などにも、そういう使い方で出ている。

ところが、「魁」の字は常用漢字表に入っていない。といって、「容貌かいい」とするのもおかしい。顔を蚊にさされたようである。そのうちに「容貌怪偉」という字が使われるようになった。あやしく思うほど立派というぐらいの意味だろうが、どう見ても無理がある。次第に「容貌怪異」などという字も目にするようになった。しかし、これでは、化け物のような容貌ということになってしまう。「立派な顔」が「ひどい顔」に誤用される原因は、無理な漢字統制にあったのだ。

さて、「容貌魁偉という言葉がぴったりだね」と言われたら、喜ぶべきだろうか、怒るべきだろうか。

優勢・劣勢と優生学

俗悪なマンガ雑誌が何百万部も売れて、良心的な出版社の堅い本の売れ行きがよくない——こんなことを報ずる新聞記事があると、まるで決まり文句のように引き合いに出される言葉がある。「悪貨は良貨を駆逐する」というグレシャムの法則だ。

こういう決まり文句を得意気に使う文章感覚にも困ったものだが、そもそも、この使い方は本来の意味とは正反対の誤用である。この使い方では、悪いものが世に受け入れられて良いものが世に受け入れられない、という意味になる。しかし、グレシャムの法則は、そうではない。金や銀の含有率の高い良質の貨幣と含有率の低い悪質な貨幣が同時に流通すると、誰でも良質の貨幣を退蔵したがるから、結局、悪質な貨幣のみが流通することになる、というのが本来の意味だ。良いものが世の中に受け入れられるために、残った悪いものが押しつけ合いになる、というのがグレシャムの法則なのである。

グレシャムの法則を引き合いに出すのなら、麻雀で河《ホー》にクズ牌《パイ》ばかり出されるような場合がふさわしい。また、お見合いパーティにろくな女性（または、ろくな男性）が来ないような時も、悪貨が良貨を駆逐していると言えよう。良い牌や良い相手は、既に誰かが手の内に握り込んでいるのだから。俗悪なマンガ雑誌と良心的な出版社の堅い本の例で言うなら、堅い本はすぐ売り切れてしまうので書店の店頭から姿を消し、マンガ雑誌は誰も買わないから店頭に山積みされている、というようになって初めてグレシャムの法則を引き合いに出すべきだろう。果してそんな日が来るかどうか疑問だけれど。

誤用されないためにグレシャムの法則は次のように言い換えた方がいいかもしれない。

「悪貨は残ってよく目立つ」

グレシャムの法則だけではない。気取ったつもりで引き合いに出した専門用語が誤用では大恥である。しかし、もっと罪が重いのは、専門用語の誤用が社会に悪影響を及ぼす場合だ。中でも頻繁に見るのが遺伝の「優性・劣性」である。

これは次のように誤用されている。
●父親の強い近眼が劣性遺伝して、彼も度の強い眼鏡をかけていた。

近眼が単純に遺伝だけによるものかどうかにも疑問はあるが、遺伝による近眼の場合でも、父親の近眼が息子に遺伝したのなら、その遺伝は優性であって、劣性ではない。遺伝の優性・劣性は、その性質が子の世代に現れるのか、潜在して孫の世代に現れるのか、ということだ。必ず子の世代に現れる性質は、潜在する性質より優位にあるから優性遺伝、逆に、孫の世代にならなければ現れない遺伝は、劣位にあるから劣性遺伝である。

これは、血液型を譬《たと》えにするとわかりやすい。

A型の父親とB型の母親の間でO型の子供が生まれることがある。父親の血液型とも母親の血液型ともちがうO型の子供が生まれるわけだが、これは少しも不思議ではない。Oの素因を持っている人も同時にAの素因を持っていれば、Aの素因が優位に立って血液型はA型になる。この父親がそうなのだ。Bの素因を持てばB型である。この母親がそうだ。O型になるにはOの素因が二つ重ならなければならない。子供は、両親の潜在的なOの素因が二つ重なってO型となったのだ。すなわち、AとBの素因は現れやすく、Oの素因は潜在しやすい。このAとBが優性でOが劣性だと思えば、当たらずといえども遠からずである。

「優性・劣性」の誤用者は、優・劣という字に社会的な優秀・劣悪という意味を読み取っているのだ。しかも、ここにはもう一つのまぎらわしい言葉もからんでいる。「優生」である。耳で聞いただけでは区別ができない。

「優生」はeugenic（良い・誕生）の訳語で、子孫に良い遺伝子を残すための医学思想を言う。優生学は、本来は子孫が遺伝疾患に苦しむことがないための医学だが、かつてナチスなどに悪用されたことがあった。〝悪い遺伝子〟を持つユダヤ人を絶滅するという人種抹殺につながった。こうした暗い過去があるため、現在では優生学は不人気だが、妊娠中絶の要件を定めた「優生保護法」にこの言葉は生きている。遺伝疾患で子も親も苦しむよりは中絶を認めようという趣旨だ。

ところで、「優性・劣性」の誤用を防ぐには、これを「顕在・潜在」と憶えておくといい。「顕在遺伝・潜在遺伝」なら印象がずいぶんちがったものになる。マスコミに横行するバカげた言葉の言い換えには反対だが、これは言葉を換えてもいいかもしれない。

【補論】

優性遺伝・劣性遺伝の誤用は日本遺伝学会でも問題になっており、二〇一七年に、顕性遺伝・潜性遺伝と改訂された。

五月晴れと梅雨

何年か前のことになるが、テレビのニュース番組で、あるニュースキャスターが「五月《ごがつ》晴《ば》れの好天気が続いています」と発言して問題になった。正しい日本語を使うべき立場にあるキャスターが乱れた日本語を使うとは何事か、「五月晴れ」は「さつきばれ」に決まっとるではないか、という非難の声が挙がったのだ。

問題の決着がどうついたのかは知らないが、実は、条件付きでこのニュースキャスターは正しいのである。条件というのは、その発言が爽やかな五月の晴天についてのものであれば、というものだ。五月の青空は「さつきばれ」ではなく「ごがつばれ」の方が、むしろ正しいのだ。

我々は、月の名前に二種類のものがあることを知っている。一番普通に使われるのが、順番に番号をつけただけの一月、二月、三月……という月名。もう一つが雅《みや》びな月名である。睦月《むつき》、如月《きさらぎ》、弥生《やよい》、卯月《うづき》……という月名だ。「五月《さつき》」は「皐月」とも書き、雅びな月名の方である。年中行事や生活慣習が関係する月の名は伝統的なものだけに、雅びな月名の方がふさわしい。さて、この二種類の月名、かつては完全に一致していた。睦月は一月、如月は二月に決まっていた。しかし、今ではほぼ一か月ずつずれるのだ。

我が国では、一八七三（明治六）年の一月一日から新暦（太陽暦）が採用されたが、それまでは旧暦（太陰暦）が使われていた。この旧暦は生活の中に深く根を下ろしていたため、新暦切り換え以後も長く使われ続けてきた。今でも農村地帯などでは、旧正月を祝ったり、お節句は旧暦でやったりするところがある。ただ、新暦を旧暦に換算する面倒を避けて、一か月遅れで間に合わせることが多い。平均して、旧暦は新暦よりほぼ一か月遅れになるからだ。これは「月遅れ」と言う。

年中行事や生活慣習に関するものは、旧暦か月遅れの方がしっくりくる。正月が新春なのは、旧暦の正月が新暦の二月初めだからである。七夕は七月七日に行なわれるが、新暦では七月七日はまだ梅雨《つゆ》が残っていて天の川は見られない。八月上旬になって初めて夜空も澄んでくる。桜の花が咲くのは四月だが、卯月の空の下でお花見というのもおかしい。

やはり弥生三月でなければならない。当然これは旧暦での話だ。桃の節句が三月三日なのも、旧暦だからこそである。新暦では三月も末にならなければ桃の花は咲かない。そうすると、一世紀ほど前までは、桃の節句と長屋の花見はほぼ同時に行なわれていたことになる。現在では、南国から空輸したり温室栽培したり、無理にでも新暦三月三日に桃の花を間に合わせてお節句をするようになった。

問題の「五月晴れ」も同じである。「さつき」というのは新暦の六月頃のことだから、「さつきばれ」は、梅雨の中休みの晴天を意味している。あまり爽やかな感じではない。では、五月の爽やかな晴天を何と言うか。伝統的な名前はないが、あえて言えば「ごがつばれ」だろう。「五月雨《さみだれ》」も五月に降る雨のことではなく、新暦で六月の雨、すなわち「梅雨」の別称である。それなら、五月に降る雨は「ごがつあめ」と言うかと言えば、そんな言葉はない。五月の晴天とちがって、五月の雨の印象は薄いからである。

旧暦から新暦への切り換えにともなって、伝統的な行事や慣習を表す月名は雅びな月名が引き受けることになったのはいいが、一か月のずれは解決されないまま残ってしまった。「五月晴れ」の混乱の原因もそこにある。

ところで、若い人の中には、「小春日和《こはるびより》」を春のうららかな天気のことだと思い、「麦《ばく》秋《しゅう》」を麦が実る九月か十月のことだと思い、「竹の春」を筍《たけのこ》が採れる五月頃のことだと思い、大相撲の「夏場所」は七月か八月に開かれると思い、「夏蜜柑《みかん》」は夏に採れると思っている人が多い。もちろん、全部まちがいである。

「小春日和」は、晩秋十一月頃、春のようなやわらかな日差しのある好天を言う。「麦秋」は、五月頃のこと。麦が実るのは九月でも十月でもなく、初夏である。「竹の春」も普通の春とは逆で、十月頃である。この頃に竹は青々と葉を繁らせる。「竹の秋」は、その反対だから、四月頃のこと。この時期に竹は葉を落とす。大相撲の「夏場所」は五月に開かれるが、初夏だから夏場所である。真夏に開かれるのは開催地の名をとって名古屋場所である。「夏蜜柑」は二月から四月頃採れるが、慣例的に「夏蜜柑」である。俳句の季語では春と解する俳人が多い。

「小春日和」「麦秋」「竹の春」「竹の秋」「夏場所」「夏蜜柑」……これらの言葉は、旧暦か新暦かには別に関係がない。この意味を取りちがえるのは単なる無知である。

幽霊か妖怪か

春はあけぼの。そして、夏は化け物。映画、芝居、テレビ、女性誌……、あちこちに怪談噺《ばなし》が登場する。なぜか。暑い時期だからゾッとするのを求めて、と説明されることが多いが、もちろん俗説である。常識的に考えても、恐怖でゾッとすることと寒さでゾッとすることとは全く別だ。恐怖でゾッとし、蒲団《ふとん》をかぶって震えていたら、かえって汗をかいてしまう。民俗学者の柳田國男は、祖霊が帰ってくるお盆と関係があると説明している。

柳田國男はまた、幽霊と妖怪の区別についても論じている。幽霊は怨《うら》みを持って死んでいった人間の怨霊、妖怪は神話や民話の中の超人間的な力を持った存在、という区別だ。従って、幽霊は人間に憑《つ》く。怨みのある人には、どこへ逃げていっても幽霊が現れる。一方、妖怪は場所に憑く。妖怪の出る場所から離れれば、もう安心である。一口にオバケとは言っても、幽霊と妖怪とでは別物なのだ。

ところで、ロシヤでは、亡んだはずの共産主義を復活させようという運動がしばしば起きている。エリツィンらの資本主義路線に反対する旧共産党の人たちの運動である。こういう運動を報じたテレビや新聞記事を見る時、マルクスとエンゲルスの『共産党宣言』の有名な冒頭の一節を思い出す人もいるだろう。

「ヨーロッパに幽霊が出る――共産主義という幽霊である」（大内兵衛・向坂逸郎訳、岩波文庫）

共産主義はこの世に怨みを残して亡《ほろ》んだ。死んでも死にきれない共産主義は、ロシヤの街に幽霊となってさまよい出ている。マルクスとエンゲルスのこの文章は、そんな状況を予見しているように見える。

しかし、よく考えてみれば、これはありえない話だ。マルクスとエンゲルスは、共産主義の勃興《ぼっこう》をこそ主張したのであり、その凋落《ちょうらく》を描いたわけではない。とすれば、これは翻訳に問題があることになる。

他の訳本もいくつか見てみよう。

「ヨーロッパをひとつの妖怪が行く。共産主義という妖怪が」（相原茂訳、新潮社、マル

クス・エンゲルス選集)
「一つの妖怪がヨーロッパをさまよっている――共産主義の妖怪が」(村田陽一訳、大月書店、マルクス=エンゲルス全集)
「一つの妖怪がヨーロッパを歩きまわっている――共産主義という妖怪が」(宮川実訳、平凡社、世界教養全集)

「幽霊」ではなく「妖怪」と訳してある本が多い。「妖怪」なら、共産主義の禍々《まがまが》しい魅力を表現しているからだ。これをさらに、「怪物」とか「魔王」とかにすれば、もっと的確な表現になったかもしれない。共産主義という魔王がヨーロッパに出現し、古い秩序を次々に破壊している、因循姑息《いんじゅんこそく》な権力者たちはあわてふためき、この魔王を撃退するために策を弄《ろう》している……。マルクスとエンゲルスが描こうとした十九世紀中頃のヨーロッパの状況が髣髴《ほうふつ》としてくる。

しかし、翻訳としては「幽霊」の方が正確なのである。原語のドイツ語ではgespenstで、これは英語のspecterに当たる。英語の辞書には、『共産党宣言』からの引用句として、specter of communismを挙げているものもある。「妖怪」なら、英語で言えばmonsterである。これはギリシャ神話のスフィンクスやグリフィンのようなものだ。東洋で言えば悪龍といったところだ。勃興してくる共産主義の猛々《たけだけ》しさを表現するには、こちらの方がいいような気がする。おそらく、specter（gespenst）とした背景には、日本とヨーロッパの文化のちがいがあるのだろう。

specterと同じ意味に使われているのがghostである。むしろ我々には、こちらの方が「幽霊」としてはなじみがある。ところが、このghost、「幽霊」の他に、なんと「聖霊」の意味でも使われる。現在ではthe Holy Ghostという形で使われることが多いが、ghostが単独で使われる例もないではない。愛知県にはキリスト教系の「聖霊病院」という病院があるが、かつてそこの看板には英語でGhost Hospitalと書かれていた。考えようによっては、ちょっと怖い気がする。現在は、Holy Spirit Hospitalとなっている。

維新と復古

一九九三年三月三十一日付の読売新聞によると、ブラジルで王政復古の運動が起きているらしい。と言っても、何千年も昔からこの地に住んでいたインディオ（原住民）たちの王族が政権への復帰を唱えているわけではない。ブラジルは、十六世紀初めから三百年あまり、ポルトガルの植民地だった。十九世紀初め、宗主国ポルトガルの王室の血を引く一族が本国からの独立を宣言し、帝政独立国となった。その後七十年ほどして、一八八九年、無血革命によって共和制になる。今回の王政復古騒ぎは、前世紀のポルトガル系王室の末裔《まつえい》をかつぎ出そうという運動である。もっとも、王室の末裔内部での争いもあり、運動はさほど大きな広がりを見せてはいないようだ。

ブラジルの政治情勢がこうした〝新しい動き〟を見せている一方、日本では国政選挙に平成維新の会がどれほどの影響力を与えるかに関心が持たれている。ブラジルの王政復古運動と平成維新の会。この二つは全く無関係のようで、実は少しだけ関係がある。言葉の問題である。

「平成維新の会」という名前は、日本人なら誰でも知っている「明治維新」からとられた。近代日本の礎《いしずえ》となった明治維新のような思い切った改革を、という願いが込められているのだろう。

ところで、この「維新」は支那の古典『詩経《しきょう》』にある言葉で「維《こ》れ新たなり」と訓読する。「維れ」は特に意味のない強調の助字である。しかし、あえて「維」の字の意味を生かして読めば「維《つな》いで新たなり」とも読める。そうすると、歴史のつながりの中で新しくなるという意味になるだろう。明治維新にはこちらの読み方が合っているようにも思える。というのは、明治維新は王政復古でもあるからだ。現に英語では「明治維新」をMeiji Restorationと訳している。restorationは「復原」「修復」「復古」である。昔ののと維がっていて新しいのがrestorationなのだ。

さて、それでは「平成維新の会」の英語名はどうなっているのだろうか。「明治維新」を踏まえたものだとすれば、restorationが入った名称でなければならない。ところが、平成維新の会の英訳語名はちがうのだ。The Reformation of Heiseiである。reformationは「改革」である。平成維新の会は、英語では「平成改革の会」なのだ。reformationを大文字でReformationと書くと特に「宗教改革」を指すから、「平成宗教改革の会」と受け取る英米人もいるかもしれない。

「維新」という一つの言葉に明治と平成とで別々の英訳語が当てられるのは困ったことである。平成維新の会が王政復古を目指す政治団体だと外国人に思われれば、さらに困ったことである。その平成維新の会の代表の大前研一が国際派として評価されているのも、かえって困ったことである。

平成維新の会だけではない。社会党も困ったものである。

「社会党」は「日本社会党」の略称だが、これは「日本社会の政党」の意味ではない。「社会党」の「社会」は「社会主義」の意味だ。「日本社会党」とは「日本の社会主義化を目指す政党」という意味である。現に、社会党の英語名はThe Japan Socialist Partyだ。ソ連・東欧で社会主義が瓦解した今、The Japan Socialist Partyでは困ったものである。党の綱領から社会主義を目指す文言《もんごん》を削るなど、党改革もしているが、そもそも党名を変えなければならないのだから大変だろう。

共産党も同じように困ったものである。

しかし、こちらは共産主義を放棄する考えはない。共産主義なるものの中身を変えようとしている。一九九〇年代から、共産党では選挙の時など、「共産」とは「共に幸福を産む」という意味だと宣伝を繰り返している。しかし、「共産主義」が communism の訳語である以上、この解釈は苦しい。「財産を共にする（公有化）」というのが「共産」の意味である。

ロシヤの「改革派」も困ったものである。

いや、これに困っているのはロシヤ人ではなく、日本のマスコミや自称識者たちであろう。福祉や年金の充実を訴えてデモ行進をする社会主義者たちが「保守派」で、社会主義者を武力弾圧し投獄するのが「改革派」だからだ。日本と正反対である。いや、日本のは「革新派」、ロシヤのは「改革派」、別々のものだ、という声が挙がりそうだが、「改革」も「革新も」英語なら一緒で reformation だ。ロシヤで起きている事態に困った日本のマスコミや自称識者たちが発案した造語が「改革派」なのである。

Reformation が「維新」になったり「革新」になったり「改革」になったり。語学の問題というより、日本の知的風土の問題だという気がする。

明治・大正・昭和

元号が昭和から平成に改まったのが一九八九年。当初は、親しみが湧かないだの、力強さに欠けるだの、悪口もあったが、やがて定着した。ところで、この元号、一世一元になってからの明治・大正・昭和に共通していて、平成にはないものがある。それは何か。

この問いの答えは後に回して、中学か高校の国語の試験を思い出していただきたい。読みがなをつける問題に次の四文字熟語が出たことはなかったろうか。

●言語道断

言葉にする道が断たれてしまうという意味で、言葉で表現できないほどひどいことだ。もちろん「ごんごどうだん」と読むのが正しい。ところが、これを「げんごどうだん」と読みがなをつける生徒がかなりいる。なぜ「げんごどうだん」と読んだかというと、「言語学」は「げんごがく」と読むからである。「言語道断」は「言語学」とは読み方がちがうということを教えるために、わざとまちがいやすい出題をするわけだ。

しかし、「言語道断」と「言語学」とではなぜ読み方がちがうかまで説明する教師は少ない。なんとなく丸暗記し、なんとなく忘れ、そして漢字に対する悪印象だけが残ることになる。これでは何のための教育だかわかりはしない。

漢字には、いくつかの読み方がある。読み方のこの混在は、確かに煩瑣《はんさ》ではあるが、半面、言葉の表現を豊かにもしている。煩瑣を厭《いと》う前に、漢字を体系的・論理的にとらえる努力をすべきだろう。さて、その読み方だが、大きく音と訓の二つに分かれることは常識だ。音がまた漢音・呉音・唐音などに分かれる。「行」が、漢音では「行進《こうしん》」、呉音では「修行《しゅぎょう》」、唐音では「行灯《あんどん》」、となる。しかし、唐音は例外的にしか使われないから、音は大きく漢音・呉音の二つだと憶えておけばいい。細かな例外を憶えて得意がるより、原則をしっかりと憶えておくべきである。

音の区別は、本《もと》となった支那音のちがいから来ている。支那は広い国であり、そこにいくつもの王朝が興亡してきた。当然、時代により、地域により、音が少しずつちがう。日本における漢字音も、伝来した時代に応じて系統がちがうようになった。漢音が漢の時代の音とは限らないし、呉音と唐音もその王朝の時代の音とは限らない。

漢字音の二大系統である漢音・呉音のうち古い方は呉音である。これは南方の呉の発音が仏教とともに伝来した。漢音は呉音より遅れて伝来し、江戸時代に儒教が広まるにつれて漢音が徐々に正統的な音とされるようになった。従って、現在でも、仏教系の用語や僧侶による庶民教育によって広まった言葉は呉音、それ以外は全部漢音で読む、というのが一番妥当である。唐音は、中世以降、禅宗の僧侶や貿易商らによってもたらされた漢字音で、先に言ったように例外的なものである。

唐音は例外的な漢字音だから別にして、漢音と呉音との区別は類推によってかなり判別できる。言葉は、数学ほどではないにしても、論理的・合理的・体系的に出来ているからだ。次の表を見れば、漢音同士呉音同士で音が似ていることに気づくだろう。

	漢音	呉音
●色	しょく	しき
●直	ちょく	ぢき（じき）
●力	りょく	りき
●食	しょく	じき

どちらが漢音でどちらが呉音か忘れた時は、仏教的な熟語を一つ思い浮かべればいい。例えば、「色《しき》即《そく》是《ぜ》空《くう》」を思い浮かべれば、「しき」が呉音であることがわかり、「ぢき」も「りき」も「じき」も呉音であると類推できるはずである。

さて、「言語」だ。これを「ごんご」と読むのは呉音である。もし漢音で読めば「げんぎょ」となる。とすると、「言語学」を「げんごがく」と読むのは、漢音呉音の交錯読みということになる。明治時代に漢字音の知識が乱れ、こうした混乱が生じたのだ。

いよいよ明治・大正・昭和の三つに共通するものの話だ。この三つは実はどれも漢字音が一貫していないのである。

●明治：漢音なら「めいち」、呉音なら「みょうぢ（じ）」。漢音呉音交錯である。
●大正：漢音なら「たいせい」、呉音なら「だいしょう」。これも交錯である。
●昭和：漢音なら「しょうか」。「昭」は漢音呉音共通で「しょう」だから、「しょうわ」は呉音読みで一貫はしているが、仏教語以外は漢音の方が望ましいはずだ。
●平成：漢音で「へいせい」。呉音なら「ひょうじょう」。これでやっと漢音で一貫した元号が出来たことになる。

巴旦杏、香ばしいか酸っぱいか

もう半世紀近くも昔のことになるだろうか、大して名もない推理作家の小説を読んでいたら、殺人事件の情景を描いた次のような話があった。

殺人事件が起きた。被害者の遺体が横たえられているところへ探偵がやってくる。彼は遺体を見るなり何かひらめいたものがあるらしく、さっとかがみ込んで遺体の口元に自分の鼻を近づけた。そしてくんくんと匂いを嗅いだ。遺体の口元にはアーモンドの香ばしい匂いが幽《かす》かに漂っている。探偵は、そこで、自信あり気に判断する。「毒殺だ。青酸カリを飲まされている」。

これを呼んだ私は初め意味がわからなかったが、一分後に噴き出した。意味がわからないも道理、この探偵は名探偵ならぬ迷探偵、この推理作家は大作家ならぬ大錯家だったからである。

青酸カリは飲むと胃液と反応して猛毒のシアン化水素を出す。これが「酸」の字からもわかるように、甘酸っぱい匂いを発する。香ばしい匂いではない。甘酸っぱい匂いである。それは李《すもも》の一種「巴旦杏」の匂いに近いと言われる。

巴旦杏は「はたんきょう」とも「ばたんきょう」とも読む。杏は杏子《あんず》のことである。（「あんず」は「杏子」の唐音による特殊な読み方）。「巴旦」はジャワ島のバンタンから来たともマレー半島のパタニから来たとも言われるが、どちらにしても産地名である。巴旦で採れる杏子という意味だ。杏子と李は、ともに食用の甘酸っぱい実が生《な》り、植物学的にも近縁である。李の一種に「巴旦杏」という名前がつくことはそんなにおかしくはない。

問題なのは、青酸カリが胃液と反応したシアン化水素は巴旦杏に似た甘酸っぱい匂いを発するはずなのに、推理錯家はなぜアーモンドに似た香ばしい匂いと書いたかである。この推理錯家は、海外の推理小説の名作を翻訳で読み、その結果とんでもない誤解をしていたのである。

巴旦杏は、英語ではアーモンドという。チョコレートの中などに入っている香ばしいあのアーモンドである。そのアーモンドはなぜ香ばしいのか。煎《い》ってあるからだ。本来は香ばしくない大豆を煎って臼《うす》で碾《ひ》くと香ばしい黄粉《きなこ》になるのと同じことである。大豆もアーモンドも煎らなければ香ばしくはない。では、煎らないアーモンドは甘酸っぱいかというと、おそらくほとんど匂いはないだろう。なぜならば、我々が普通知っているアーモンドはアーモンドの仁《じん》(種子の部分)だからである。巴旦杏は、先に書いたように李の一種である。ただ、果肉は薄く、ほとんど食用にしない。その種子の仁を煎って酒のつまみにしたりチョコレートに入れたりするのだ。

くだんの推理錯家は、海外の推理小説で名探偵が断を下すシーンを読んだ。殺人事件の現場で遺体の口元に鼻を近づけた名探偵は言う。「巴旦杏の匂いがする。青酸カリだ」。これを読んだ日本の推理錯家は迂闊《うかつ》にも、青酸カリで毒死すると口元から香ばしい匂いがすると思い込んだのだ。この推理錯家の生み出した迷探偵、もしアーモンドをつまみにウィスキーを飲んでいるところをロープで絞殺されたという殺人事件に出合ったら、何と推理するだろうか。煎ったアーモンドの香ばしい匂いで青酸カリと推理し、迷探偵の本領を遺憾なく発揮したことだろう。

この推理錯家の迷探偵ほどではないが、似たような誤解の例は他にもある。南米やアフリカのコーヒー畑に行くと、コーヒーの香ばしい匂いが漂っていると思っている人が多いのだ。これも同じまちがいである。我々がよく目にして知っているコーヒー豆は、植物学的な意味での豆ではない。豆状の物体という意味での豆なのであり、これもコーヒーの実の仁である。果肉を取り除いた仁を煎ると、あの香ばしいコーヒーになるのだ。香ばしい焙《ほう》じ茶が初めから焙じ茶の樹にできるのではないのと同じである。

ところで、巴旦杏は学名をPrunus Amygdalusという。李は英語でプラムplumである。最近その干したものに整腸作用があるとして人気が出ているプルーンpruneも、李の一種だ。Prunusとplumとpruneは、rとl以外、きわめてよく似ている。同系の言葉だからである。日本人はrとlの区別が得意ではない。rice（米）もlice（しらみ）も一緒くただと言って欧米人に笑われる。しかし、彼らにとってもrとlは混線しやすい音なのである。

擬態語としての「支離滅裂」

「支離滅裂《しりめつれつ》」とは、全体として意味を成さず、バラバラでチグハグになっている様子を表す熟語だ。「彼の言動は支離滅裂である」「このレポートの論旨は支離滅裂だ」などと、日常的によく使われる。

「支離滅裂」は四つの漢字によって構成されているが、これを構成する一つ一つの漢字もそれぞれに、バラバラであることを意味している。「支」は「支流」「支店」の「支」だから、分かれるという意味だ。「離」は「離れる」。「滅」は「滅ぶ」。「裂」は「裂ける」。どれも、全体としての統一性に欠けるという意味である。これらを組み合わせると、それぞれの意味が強調し合って、「支離滅裂」という熟語が出来上がる。漢字は表意文字だから、こういう熟語表現がよく発達したのだ。

今、漢字は表意文字だと言った。しかし、「支離滅裂」は、表音的にも、すなわち耳で聞いても、いかにも全体としての統一性に欠けるという印象を受ける熟語である。「シ・リ・メツ・レツ」の音を考えてみよう。上の二文字にはイ段の音、下の二文字にはエ段の音が入っている。イ段やエ段の音は、ア段やオ段の音が円やかで穏やかな印象を与えるのに対し、鋭くとげとげしい印象を与える。また、下の二文字の末音にツが二つ重なるのも同様である。「シ・リ・メツ・レツ」には、鋭く切り裂かれてバラバラになっているという感じがよく表れている。

試みに、これを意味が同じで音が別の漢字に置き換えてみよう。音感による印象はずいぶんちがってくるはずだ。

支・離・滅・裂
↓　↓　↓　↓
分・放・亡・解

「シ・リ・メツ・レツ」と「ブン・ホウ・ボウ・カイ」とでは、意味が同じなのに聴覚的な感じは大きくちがってしまう。「支離滅裂」は、意外なことに一種の擬音語・擬態語でもあるのだ。

日本語は擬音語・擬態語がよく発達した言語である。これらの擬音語・擬態語は、日本固有語（大和言葉）だから、「しっとり」「にこにこ」「バッサリ」「ドヤドヤ」のように、仮名文字で表記される。表意文字の漢字では表記しにくいからである。漢字を使う支那語では、孤立語という言語の形態もあって、擬音語・擬態語は日本語のようには多くない。しかし、「屁《ひ》（おなら）」のように、擬音的な言葉・文字も少数ながらある。さらに、韻を踏んで音感を味わうことが非常に発達した。

漢詩がその典型だが、「支離滅裂」のような熟語も韻を利用している。これを「畳韻《じょういん》」と言う。韻を畳む（重ねる）ということだ。

●支離　shi・ri：i が畳韻

●滅裂　metsu・retsu：etsu が畳韻

二字熟語には、意外にこういう畳韻が多い（「支離滅裂」は二字熟語を二つ重ねた四字熟語）。いくつかの例を挙げておこう。

●艱難《かんなん》＝困難による苦労。

●彷徨《ほうこう》＝さまよい歩くこと。

●逍遥《しょうよう》＝気ままなそぞろ歩き。

●連綿《れんめん》＝とだえることなく続くこと。

畳韻とは逆に、字頭の音を揃えるやり方もある。これは「双声《そうせい》」と言う。字頭に双《ふた》つの声（音）が並ぶという意味だ。これもいくつか例を挙げておく。

●佳句《かく》（k音）＝美しい詩や文。

●流離《りゅうり》（r音）＝故郷を離れてさまようこと。

●磊落《らいらく》（r音）＝大らかなこと。

●髣髴《ほうふつ》（h音）＝よく似たものが眼前に浮かぶこと。

●蒼生《そうせい》（s音）＝民衆を青草に譬《たと》えた語。

漢字は組み合わせることによって自由に新しい言葉を作ることができる。この「造語能力」に注目する人が最近多くなった。確かに、この漢字の力はきちんと評価しなければならない。しかし、だからといって、独りよがりで自分勝手な新造語を次々に作っていいというものではない。熟語は無造作に漢字を組み合わせただけに見えながら、音感まで考慮に入れたしかるべき由来を持っているからだ。

「ケ」はケか

ほとんどの漢字には音と訓の二つの読み方があるし、音と訓にはまたそれぞれいくつかの読み方がある。しかし、仮名文字には、それがない。常に一文字一音である。平仮名の「あ」は常に「あ」と読むし、片仮名の「イ」は常に「イ」と読む。表音文字だから、それが当然である。

ただ、仮名でも、長い歴史の中で文字と読みがちがってしまったものもある。「岩が倒れるでしょう」は、歴史的仮名遣いで書けば「いはがたふれるでせう」となる。昔はほぼこの通りに発音されていたはずだ。しかし、長い間に一種の訛《なま》りや音便によって、「いわがたおれるでしょお」と発音されるようになってしまった。文字と読みが分裂したのである。そこで、これを一致させるために現代仮名遣いが考案された。しかし、現代仮名遣いでも、文字と読みは完全に一致していない。「いわがたおれるでしょう」と書いて、我々は「いわがたおれるでしょお」と読んでいる。

大してちがわないようだが、次のような文ならどうか。

●僕は学校へ行こう。

これを歴史的仮名遣いと現代仮名遣いと発音のままの仮名遣いで書いてみると、次のようになる。

●ぼくはがくかうへゆかう。（歴史的仮名遣い）

●ぼくはがっこうへゆこう。（現代仮名遣い）

●ぼくわがっこおえゆこお。（発音のままの仮名遣い）

現代仮名遣いでも文字と読みの一致が不完全であることがよくわかるだろう。表音文字である仮名でも文字と発音の一致はむつかしいのだ。

仮に日本語をローマ字化しても、文字と読みは完全には一致しない。その直後はいいかもしれないが、やがて文字と発音は分離してゆく。ローマ字（アルファベット）を使う欧米語でも文字と発音は必ずしも一致しないことを考えれば、このことは明らかである。

それでも、仮名は原則としては「あ」は「あ」、「イ」は「イ」である。仮名は表音文字なのだから、そうでなければ意味がない。ところが、ただ一つだけ例外がある。「ケ」だ。「ケ」はいつでも「ケ」だと思うかもしれないが、「ケ」には他に次のような三通りの読み方もある。

●五ケ月間の海外旅行（か）
●正月三ケ日（が）
●あめ玉一ケ（こ）

「ケ」を「か」「が」「こ」と読んでいる。これはまちがった仮名遣いだというので「五カ月」「三ガ日」「一コ」と書く人もいるが、かえってこの方がおかしいとも考えられる。というのは、この場合の「ケ」は実は片仮名ではない。漢字から派生した符号なのである。まあ準漢字といったところだろう。

本来の漢字で書くと、こうだ。

●五箇月
●三箇日
●一箇（画数の少ない同義の漢字で「一個」と書くこともある）

「箇」は物を数える時の助数詞で「か・こ」と読む。濁音化すれば「が」とも読む。助数詞には他に「个」という字があって、読みも同じく「か・こ」である。この「个」が書きまちがえられたまま定着したのが「ケ」なのだ。「个」は日本ではあまり使われないが、支那では現在でも頻用されている。「一个（イーガ）」は「一つ」の意味である。

面白いことに、「个」は「ケ」だけではなく「丁」とも書きちがえられ、「目に一丁字《いっていじ》もない人（一つの文字も読めない無学文盲の人）」という言葉も出来た。「个」を「丁」と書きちがえる方がよほど「目に一丁字」もないという気がするのだが。

まぎらわしい話だが、「个」と形も意味も近い「介」も助数詞として使われることがある。「一介の地方議員（その一人にすぎない地方議員）」という時の「介」だ。片仮名の「ケ」はこの「介」の一部を取ったものである。

「个」が「ケ」と書きちがえられたような例は他にもある。余分に加えられたという意味の「プラスアルファ」だ。「プラスエックス（$+x$）」を「プラスアルファ（$+\alpha$）」と見まちがったものらしい。筆記体の x が α に似ているからだ。ただし、このまちがいは日本だけのことである。

幸福に縛られる

この世の中には占いのたぐいを信じている人がけっこういる。悩める人が多いのか、愚かな人が多いのか、たぶんその両方だろう。十三日の金曜日が嫌だと言ったって、金曜日は楽しい週末ではないか。それに、金曜日を嫌がる人のうち日曜日に教会に行く人がどれだけいるだろう。仏滅は縁起が悪いと言う人もいるけれど、仏陀の生まれたインド北部（現在のネパール）でそんなことが信じられたことは一度もない。つまらないことに一喜一憂しているものだ。

姓名判断というのもおかしなものである。女性誌などでよく見かけるが、これにはいくつかの流派があるらしい。大きく分けると、画数で占うものと漢字の意味で占うものの二つがあるようだ。

画数で占う姓名判断など、漢字の初歩的な知識があれば別に占いの知識がなくともおかしいとすぐ気づく。「艹（くさかんむり）」は三画だと学校で教わり、そう思っている。しかし、現代の日本では略体の漢字を使っているから三画なのだ。本来は「艹」だから、漢和辞典では四画の部首で引くのがほとんどである。しかも、さらに古い形では「艸」だから、これで計算すれば六画になる。同じ「花子」さんの「花」が占い師しだいで七画にも八画にも十画にもなってしまうわけだ。

漢字の名前の場合はまだいい。平仮名や片仮名の場合は、そもそも画数をどう計算するのだろう。例えば、「はるみ」さんという女性がいたとする。平仮名とそのもととなった漢字で画数を計算してみよう。

●はるみ（三・一・二）

●波留美（八・十・九）

画数がちがうどころか、名前全体の画数の比率もちがってくる。平仮名で計算すれば頭でっかち、漢字で計算すれば中ぶくれ。これも占い師の胸一つで決まるのだろうか。何よりも、そもそも平仮名に画数というものがあるかどうかが疑問だ。今仮に「は」を三画、「る」を一画、「み」を二画にして計算した。しかし、「み」を二画と見るのはいいとして、それと同じくらい複雑な「る」を一画と計算するのは納得できない気がする。歴史的仮名遣いでしか使わない「ゑ」も、こんなに複雑なのに一画になってしまう。

漢字の意味で占う姓名判断は、これよりいくらかましな気がしないでもない。漢字は表意文字であり、その意味を考慮して名前をつけるからである。

しかし、漢字の本来の意味の研究は、二十世紀に入り甲骨文字の存在が知られるようになってから、大きく変化した。後漢の時代から二千年近く続く漢字学も見なおしを迫られているのだ。

形も左右上下対称で美しい「幸」は、「幸子」「幸男」など、人名によく使われる。意味はもちろん「しあわせ」である。これが何故「しあわせ」の意味になるのか。従来の説明では、「幸」は「夭」と「屰」の組み合わせである。「夭」は「夭折《ようせつ》」の「夭」で「若死に」の意味、「屰」は「逆」の構成要素だから「反対」の意味。合わせて「若死にの反対」で「長寿」「幸福」となる。

しかし、漢字学者白川静の最近の研究によれば、「幸」は罪人を縛った手枷《てかせ》を表す象形文字である。「幸」を構成要素とする「報」や「執」が、「報復」「執行」など刑罰に関する熟語になるのも、これと関係があるようだ。手枷を表す「幸」がどのようにして現在の意味に変化したのか、今一つはっきりしないが、三千年前の甲骨文字の段階では、漢字は意外な意味を表していたのである。

さて、占い師だが、最近では彼らは白川静のこういった研究を取り込んで、改名をすすめるらしい。「幸子」という名前だと、将来犯罪者になってしまいますよ、というわけだ。全くぬけ目のない連中である。

名前については民俗学でもいろいろな研究がある。古代には、大切な子供にわざと悪い名前をつける風習があった。子供の生命を狙う魔物たちに大切な子供であると気づかれないようにしたのだ。今でも年輩者に「捨男」「すて」などの名前があるのは、その名残だ。「幸」も魔物たちに対する目くらましと考えれば気にする必要はない。始末に悪いのは、魔物より占い師たちの方だろう。

「位相」と「地層」じゃ大ちがい

前衛的、反抗的、実験的、過激……。新しい芸術運動を評する時に使われる言葉だ。既成の価値観に疑いを持ち、因習を打破して新しい文化を創造する、という意味で使われる。だが、前衛的だの反抗的だのを自称する連中を過大評価してはならない。彼らの大多数は既成の価値観に疑いを持っているのではなく、既成の価値観が理解できないだけなのである。新しい文化を創造しているのではなく、新しくもない文化を捏造《ねつぞう》しているだけなのである。

かなり前のことだが、こんな事件があった。前衛的で反抗的な音楽だか演劇だかをやる「風の旅団」というグループが、関西の大学で公演を断られ、支援の学生たちと一緒に大学を批判する運動を起こした。一九六〇年代の末期によくあったような事件だが、このグループの名前に込められた感覚も一九六〇年代のままである。前衛的だかなんだか知らないけれど、そのわりにはいつまでも進歩がないようだ。

その感覚が一九六〇年代のままだというのは、「風」だの「旅」だのに、一所不住のロマンチシズムを感じるという意味ででではない。そういったロマンチシズムなら、一九六〇年代どころか、松尾芭蕉の昔からあった。そのロマンチシズムを、誤用した「旅団」という言葉に込めて得意がっているという意味で、感覚が一九六〇年代のままなのである。

彼らは「旅団」を定住しない神出鬼没の軍事集団というつもりで使っているらしいが、「旅団」にそんな意味はもちろんない。旅団は軍隊の構成単位で、通常は、連隊が数個集まって旅団となり、旅団が数個集まって師団となる。「旅団」が「旅をする軍事集団」でないのは、その上の単位である「師団」が「教師の軍事集団」でないのと同じである。

前衛的だの反抗的だのと称する人たちは、既成の文化に疑いを持っているのではなく、既成の文化が理解できないだけだという好例である。

そして、私の見るところでは、一九六〇年代に、既成の文化が理解できないだけの人たちが前衛だの反抗だの過激だのといった衣装をまとい始めたようだ。こういう衣装は無知を自己弁護するのに都合が良かったからである。

一九六八年秋、神戸の須磨離宮公園で現代彫刻展の第一回目が開催された。そこで話題をさらったのが、若き前衛芸術家関根伸夫の作品であった。公園の一角に大きな円筒形の穴が掘られている。そのすぐ横に、掘り出した土が同じ大きさの円筒形に積み上げられている。観客には、巨大な茶筒状の土がすっぽりと地面から抜き出されたように見えるわけだ。

『位相——大地』と題されたこの作品は、彫刻の既成概念をくつがえすものとして美術界で注目され、関根伸夫は以後〝コンセプチュアル・アート〟だの〝環境美術〟の代表作家のように扱われることになった。掘り出した土を元のままの形で積み上げて芸術作品とすることは、ただのハッタリなのか、何かの主張があってのことなのか、美術史の門外漢である私には判断はつかない。しかし、この作品の題名が意味不明であり、しかも、それが作者の無知によるものであることは、すぐにわかる。

土を掘り出したままの形に積み上げた作品が、副題の「大地」はいいにしても、どうして「位相」という題名なのか。

位相とは、観察者の位置や時期によって見るものに現れる変化を言う。英語では phase もしくは aspect だ。これを「位相」と和訳したのだ。典型的には月の満ち欠けである。

ある時の月の位相は満月であり、ある時の月の位相は三日月である。また、睡眠時の脳波のグラフにも位相は観察される。拡大解釈すれば、歴史の発展段階も位相と言っていいだろう。しかし、土を掘り出して積み上げたって「位相」など観察できはしない。観察できるとすれば「地層」である。前衛芸術家関根伸夫は、「位相」を「地層」の高級な表現、既成の価値観にとらわれない前衛的な表現、とでも思っていたらしい。

それにしても、この「位相」を彫刻の既成概念をくつがえすものと絶賛した美術評論家や美術ジャーナリストのうち、誰一人として意味不明の「位相」を不思議に思わなかったのが不思議だ。題名を英語にするなら何と翻訳するつもりだろう。掘り出した土を積み上げて『Phase（月の満ち欠け）』なら、確かに前衛的、いや、東洋の神秘といった趣《おもむ》きさえある。

前衛だの反抗だの過激だのがありがたがられるのは、左翼的な政治運動でも同じである。そして、欧米語を翻訳した生硬な漢語が権威主義的に使われることでも同じである。その上、原語の意味を知らない誤用を得意気にすることでも同じである。例えば、「捨象《しゃしょう》」だ。

文芸評論家の絓秀実《すがひでみ》は『「超」言葉狩り宣言』でこう書く。「反差別闘争は、その後は

『狭山闘争』にほぼ一元化されていってしまう傾向を持ったのですね。もちろん、ぼくは『狭山闘争』を捨象すべきだと言っているのではなく、傾向を言っているに過ぎないのですが」

この「捨象」は、もちろん、「捨」の字に引きずられた誤用である。「捨象」は英語ではabstraction、別の訳語では「抽象」である。「抽象・具象」の「抽象」である。抽象とは、事物の個々の象《かたち》を捨てて（捨象）、そこに共通する象を抽《ひ》き出す（抽象）ことだ。つまりabstractionを両面から表現しただけである。「林檎《りんご》をむく」と言えば「抽象」、「皮をむく」と言えば「捨象」、こう考えればいい。

芸術にしろ政治にしろ、前衛だの反抗だのの内実は、意外とこんなものなのだ。

【補論】

一九九七年二月二十日付朝日新聞夕刊に、哲学者の久野収が前日亡くなった埴谷雄高《はにやゆたか》の追悼文を寄せている。その中に次のような一節がある。「民族、階級を捨象した具体的な一人の人間から人類の哲学を構想した」。もし、「民族、階級を捨象した」のなら、「具体的な人間」ではなく、抽象的な人間にならなくてはおかしい。哲学者久野収もまた意味を知らずに使っている。

YOは満足じゃ

パロディ小説を得意とする清水義範に『序文』という短篇作品がある。SFによくある吉外学者ものだ。日本語と英語が同じ起原であるということを〝発見〟した学者の本の序文が、版を重ねる度に妄想と混乱がひどくなる様を軽妙に描いている。この『序文』のヒントになったのは、誰もが気づく英語と日本語のいくつかの単語の類似だろう。この中にも出てくる「そう」とso、「名前」とnameなど、中学時代に私も友だちと、語源が同じじゃないかと冗談を言い合った。

以前スペインへ観光旅行に行った際、少しだけスペイン語をかじった。この時、久しぶりに中学時代のあの感じを味わうことができた。別れ際に言う「明日《あした》またな」がスペイン語でもよく似ているのだ。「アスタ、マニャナ」(Hasta mañana)」と言う。

日本語とは少しずれるのが「牛」で、これは「バカ（vaca）」である。日本語なら「バカ」は「馬」と「鹿」だ。所変われば動物もずいぶん変わるものだ。肉料理が名物のレストランでメニューに書かれたvacaを指さしながら、同行の友人たちと馬鹿話ならぬ牛話に興じたものだ。メニューの横を見ると「アホ（ajo）」とも書いてある。びっくりして辞書を引くと、これは「にんにく」である。じゃ、「にんにく味の牛肉」は「バカでアホ」と言うのか。「アホ」「バカ」を連発して笑いころげていた。スペイン人の店員たちは、東洋からの観光客が「牛」「にんにく」と言いながら笑いころげているのを怪訝《けげん》そうに眺めていた。

言葉の一致が面白いのは、日本語とスペイン語のように系統が全く違っているのに一致している場合だ。これがヨーロッパ語同士だと系統が同じだから、似ていて当然である。ヨーロッパ語同士では、一人称の代名詞のようなきわめて基本的な言葉もよく似ている。

●スペイン語　Yo（ヨ）
●英語　I（アイ）
●フランス語　Je（ジュ）
●ドイツ語　Ich（イッヒ）

●ロシヤ語　Я（ヤ）

どれもYかIの音である。フランス語だけ少しちがって見えるが、「ヨハネ」が「ジョン」になるように、YとJは音が通じている。少しずつちがってはいても、ヨーロッパのほぼ全域で、一人称の代名詞は同じものが使われているのだ。とりわけ、ヨーロッパ最西のスペインと最東のロシヤで「ヨ」と「ヤ」のように酷似しているのが興味深い。

と思っていたら、実は、それだけではない。大変な〝発見〟をしてしまった。支那でも実は同じなのである。

●予（「予定《よてい》」の「豫（予）」とは本来別字）

●余（「餘裕《よゆう》」の「餘（余）」とは本来別字）

この二字は音がともに「よ」、訓がともに「われ」である。『論語』の中では孔子が「予《われ》は一《いつ》以ってこれを貫く（私は一つの理念で人生を貫いている）」と言っているし、日本では時代劇で殿様が「余《よ》は満足じゃ」と言う。その「予」「余」である。なんと、スペイン語の「私　Yo」はヨーロッパを横断してロシヤを通り、支那の「予」「余」とつながり、日本でも通用している。ユーラシア大陸の大部分で「私」が全部共通とは〝大発見〟である。

というのは、もちろん冗談だが、系統のちがう外国語に発音も意味も同じ言葉があるのを見つけると、なぜかうれしくなる。ところで、大槻文彦の『大言海』に意外な言葉が世界共通語である可能性が暗示してある。「ほね」の項目を見ると、こう書いてある。

●ほね：〈骨〉〔秀根《ほね》の義か。蝦夷語Pone　英語Bone　朝鮮語ピョ〕（一）動物の体中にありて、全体を張り支うる堅きもの。（以下略）

断定はしてないが、日本語、アイヌ語、朝鮮語、英語にまでつながる共通語であるかもしれないとほのめかしてある。『大言海』は編者の意気込みが伝わる読んで楽しい辞書だといわれるのもうなずけるところだ。

語原も詳しく解説してある古語辞典として名高い『岩波古語辞典』にも、こんな世界共通語が出ている。

●うるしね：今のうるち。粘りの少ない普通の米。（中略）▽古代インド語vrīhiḥ（米）が東方に伝わってマレー語、台湾アミ語などでは、bras, brats（米）となった。日本語ウルはその流れをくむ。西に伝わって古代ペルシア語ではbrïziとなり、ラテン語oryza　イタリア語risoと変化し、英語のriceはその転。（一部表記を簡略にした）

なんと「ライス」は「うるち」と同原の言葉だったのである。街の食堂などで米飯のことを「ライス」と言う習慣は定着しつつある。これはたぶん気取って英語を使うというより、「カツライス」「ハンバーグライス」の構成要素としての「米飯《ライス》」が独立して使われるようになったものだろう。それでも、一九六〇年代までは、「ライス」にキザな感じがしたものだ。しかし、「ライス」は「うるち」だったのだ。インドに始まった米の旅は、東に進んで日本に到着して「うるち」になり、西に進んで「ライス」になり、さらに西に進んでアメリカを経由して太平洋を渡り、やはり日本に到着して「ライス」として定着したわけである。「うるち」と「ライス」のちがいは、東回りか西回りかなのである。

柿に咲く花どんな色

朝日新聞日曜版に一九八〇年から『ハーイ あっこです』（みつはしちかこ）の連載が始まった。平凡な主婦の平凡な失敗談をさりげないユーモアで描き続けるみつはしは、非凡なる平凡の才能の持ち主である。現在のマンガ界で貴重な存在として評価していいだろう。

ところで、平凡な失敗談が、あっこにではなく、作者のみつはしちかこにもあるところが面白い。一九八七年五月二十四日の『ハーイ あっこです』で、あっこは隣の庭の柿の樹をながめている（次頁図版）。若葉の間にぽつぽつと見えるのは柿の花だ。少女時代を思い出したあっこは懐かしい歌をハミングする。

〽 long long ago……　long long ago……

この歌は、イギリス民謡『久しき昔（Long Long Ago）』だが、明治以後何度も日本語訳が試みられてきた。中でも、戦後ほどなく古関《こせき》吉雄《よしお》が訳した『思い出』は、文部省唱歌として広く親しまれている。

思い出
かきに赤い花さく　いつかのあの家
ゆめに帰るその庭　はるかなむかし

あっこが隣の庭の柿の花を見て　〽long long ago と口ずさんだのは、この訳詞を思い浮かべたからである。しかし、柿に赤い実は生《な》るだろうが、柿に赤い花が咲くだろうか。柿は初夏に黄色みを帯びた白い花を咲かせるはずだ。若葉の間からは、それはほの白く見える。「柿に白い花咲く」ならともかく、赤い花ではおかしい。

これはもちろん「垣に赤い花咲く」を「柿に赤い花咲く」と誤解したからである。この誤解はまさしく平凡な失敗談として誰もが語り合

ったことがあるだろう。「垣」をやさしく「かき」としたことが誤解の原因だが、講談社文庫の『日本の唱歌（中）』にも、「訳詩の難さを示す一例である」と注釈がついているほどだ。

これには、新聞などで動植物名を片仮名で表記する習慣が定着したことも関係している。

動植物名を片仮名で表記するのは、本来は漢字制限にともなう不都合をしのぐための便法であった。現行の常用漢字はこの制限色は薄まったものの、その前身である当用漢字は制限色の強い性格を持っていた。従って、当用漢字として認められた漢字以外は公的な場所では使えない。動植物名は「牛」「馬」「松」「桜」など限られたものの他は、仮名で書かなければならない。しかし、平仮名で書くと地の文に埋もれて読みにくくなる。そこで片仮名で書くようになった。やがて、それに引きずられて、当用漢字として認められている動植物名も、動植物名だというだけで片仮名で表記するようになってしまったのである。

この結果、実にバカバカしいことが起きている。片仮名で書いて、かっこをつけ、その中に漢字を補うのである。

●広島でカキ（柿）の出荷さかん

●広島でカキ（牡蠣）の出荷さかん

という具合である。これでは何のために漢字を制限したのかわかりはしない。「黜陟《ちゅっちょく》」という難しい漢字熟語なら、これをやめて、平易に「手柄の有無によって地位を下げたり上げたりする」と言い換えることが可能である。しかし、「柿」も「牡蠣」も意味はきわめて平明であるだけにかえって言い換えはできない。まさか、こんなふうにするわけにもいくまい。

●広島で秋になると赤く色づく日本の代表的な果物の出荷さかん

●広島で秋から翌春まで食用にされる岩に付着する二枚貝の出荷さかん

やはり、漢字「柿」「牡蠣」、そして「垣」が合理的かつ実用的である。

「カキ」だけが特別なのではない。支那北東部原産の「シフゾウ」は、動物園でこの表示板を見た人のほとんどが、これがどうして「象」の一種なのかと思うようだ。これは、牛のようでもあり、馬のようでもあり、驢馬《ろば》のようでもあり、鹿のようでもあり、しかもそのどれでもないから「四不像」である。「モウコノウマ」もそうだ。「蒙古野馬」と書かなければ、これが貴重な野生種の馬のことだとはわからない。

漢字制限の弊害は、文学の上に及んでいるだけではないのだ。

「くそっ」は下品だけれど

戦前の沖縄には政府主導の方言撲滅運動があり、学校で沖縄方言を使うと「私は方言を使いました」と書いた札を持たされて廊下に立たされた、という。ナショナリズムが歪《ゆが》んだ形で現れたものである。

戦後はこういう極端な例は少ないものの、美しい言葉を使おうという運動は学校で何度も起きた。こういった運動は、えてして平板で一面的な傾向に陥《おちい》りがちだ。美しい言葉を使うのは良いことだが、それなら、汚い言葉は抹殺してしまっていいのか。また、美しいと汚いの関係はどういうものなのか。こうした問いに答えるどころか、問いがありうることにさえ気づかない運動になってしまう。美しい言葉を使うべき時には美しい言葉を使い、汚い言葉を使うべき時には汚い言葉を使えばいいいし、美醜というものは、正否とはちがって、伝統の中で自然に熟成されるものであり、截然《せつぜん》と割り切れるものではないだろう。

私の小学校時代にも、美しい言葉を使おうという運動があった。「おれ」をやめて「ぼく」と言おうなどという決議が学級会で行なわれた。もっとも、決議は三日と守られたことはなかった。それでも、「おれ」は悪い言葉だと、かなり長い間信じていた。

高校時代になって、ふと気づいた。私のまわりのお婆さんたちは、自分を「おれ」と言っているではないか。女は女らしくあれと教育を受けてきたはずの明治の女たちが、男の子にさえ禁止されている「おれ」を平気で使っているのである。それでいて、決して汚くはない。上品というのとはちがうけれど、生き生きした温かい言葉だと思った。

「おれ」は「われ」「おのれ」から転じた言葉で、古くから男女ともに同輩以下の者に使われてきた一人称である。地方によっては「おら」となった。これに対し「ぼく」は明治になってから広まった言葉である。「僕」という字の音読みであることからもわかるように、新時代の学生用語のようなものだろう。戦後、アメリカ兵相手の売春婦たちが「ミー」という一人称を使っていたのとそうちがわない。民俗学者の柳田國男は、「ぼく」は濁音が入って汚い言葉だし、日本語として定着せず、いずれ消えてしまうだろう、とまで言っている。

へまをした時や他人を罵《ののし》る時に使う「くそっ」も、決して上品な言葉ではない。若い女性がこれを口にするのが外国人に恥ずかしいという投書を読んだこともある。

しかし、これも一面的な見方である。

「くそっ」は、語原としてはむろん「糞」だから、確かに上品な言葉ではない。だが、下品な言葉として、むしろ使うべき時があるのだ。

下品なものは概して力強さに満ちている。料理を考えてみればいい。庶民的なものは、味つけが濃く、こってりしているが、上品なものは淡白だ。身体にエネルギーをみなぎらせたい時は、下品であっても庶民的で濃厚な料理が一番である。言葉もこれに似ている。下品な言葉のエネルギーを利用しなければならないことがあるのだ。

それは、不幸や不運を跳ね返す時である。昔の人は、不幸や不運は魔物や悪霊がもたらすのだと考えていた。これら魔物や悪霊に対抗する方法はいろいろあったが、誰にもできる簡単な方法の一つが、魔物や悪霊に打ち勝つエネルギーを持った汚い言葉を吐きかけることであった。

『徒然草』の第四十七段に、こんな話がある。

ある人が清水寺に参詣《さんけい》する時、老いた尼《あま》と道連れになった。この尼、歩きながら「くさめ、くさめ」と口ぐせのように言う。不審に思って理由を尋ねると、「くしゃみをした時、そう唱えておまじないをしなければ死ぬというじゃありませんか。昔、私が乳母《うば》だった若様が今は比叡山に行っていらっしゃいますが、くしゃみをしてもおまじないの言葉を唱えるのをお忘れかもしれません。それで、私が唱えているのです」。

愚直なまでの乳母の愛の話としてよく知られている。

さて、このまじない言葉の「くさめ」とは何か。

岩波書店の日本古典文学大系では「休息万病《くそくまんみょう》」の転訛《てんか》が「くさめ」であり、それが後の「くしゃみ」になったとする。「クション」という擬音にも通じている。これが通説であった。

しかし、最近では別の説が出てきた。『岩波古語辞典』では、「くそはめ（糞食め）」の転訛だとする。もう少し前に柳田國男も、「くそくらえ」「こんちくしょう」と関連させて「くそはめ」説を説いている。庶民の間に広くゆきわたった「くさめ」というまじないが「休息万病」などという難しい漢語を語原とするはずがない、というのだ。この方が正しいような気がする。くしゃみを起こさせる魔物や悪霊に「くそくらえ」という汚い言葉をぶつけるというわけである。

「くそっ」どころか「くそくらえ」も、若君を気遣う優しい元乳母が口にした由緒ある言葉だったのである。

英語のshit!（くそっ）も、意味も用法も下品さも全く同じだ。すべての民族に普遍的な現象のようである。

角隠しは何を隠すか

イデオロギーにとらわれていると真実が見えなくなる。かつて大東亜戦争の最中、日本人は軍国主義や国粋主義のイデオロギーにとらわれて真実が見えなくなった。現在の北朝鮮では、金日成思想のイデオロギーのために人々は真実が見えなくなっている。軍国主義や国粋主義や金日成思想といった〝悪いイデオロギー〟は、このように真実を見えなくする。

では、〝良いイデオロギー〟なら、どうか。民主主義や人権思想といった〝良いイデオロギー〟は真実を見えなくさせはしないのか。もし、民主主義や人権思想が真実を見えなくさせているとしたら、実はこれらは〝悪いイデオロギー〟なのではないのか。

本書の最後に、こんなことを言葉の問題から考えてみよう。

平安時代、日本文学は世界に誇るべき女流文学者を生んでいる。その代表格は、『源氏物語』の紫式部と『枕草子』の清少納言だろう。ところが、彼女たちの実名がわからない。「紫式部」も「清少納言」も女官であった彼女たちの官職である。現代で言えば、小説や随筆の作者が厚生省次官とか京都市総務課長としてしか知られていないようなものだ。

なぜか。

女性は差別されており、男性の文学者とちがって、いくらすばらしい作品を書いても作者名を記すことが許されていなかったからだ、と誰もが思っている。誰が言い出した説かは知らないが、なんとなく誰かが言い出し、なんとなく誰もがそう思っている。民主主義・人権思想という〝良いイデオロギー〟にも合致しているからだろう。かつてあった女性差別の好例として言及されることも多い。

しかし、この説は誤りである。

私もこの説が誤りであることに気づいたのは、実は比較的最近のことだ。一九九〇年頃、叢書『日本語の歴史』（平凡社）に、紫式部や清少納言の実名が知られていないのは実名敬避《けいひ》のためである、と書いてあるのを読んでからだ。古代の女性は両親を除けば夫にしか実名を明かさず、実名を明かすことは求愛を受け入れることを意味した。女性にとって実名はそれほど大切なものであった。これを考えれば、作品に実名を付さないのも当然であろう。『日本語の歴史』は、一九六三年初版発行以来、二十年は版を重ねている。それなのに、しかし、女性差別原因説は強固である。

角田文衛《つのだぶんえい》の労作『日本の女性名』（教育社）にも、実名敬避説は述べられている。角田は、実名敬避が理解できないかもしれない現代人のために、面白い譬《たと》えを出している。現代でも女性の年齢は明記されないことが多く、イギリスの権威ある人名録『Who's who』にも女性の生年は記されていない。これと同じようなものだ、というのだ。角田のこの本も一九八〇年初版以来重版が続いているのだが、女性差別原因説は広く信じられたままである。

〝悪いイデオロギー〟と〝良いイデオロギー〟とが結託して誤りを広めることもある。

結婚式の衣装の話だ。

結婚式は儀式である以上、程度の差はあっても、伝統や作法が重んじられる。花嫁衣装もそうだ。日常生活は洋風になっても、花嫁姿だけは和風でという人も多い。さて、その和風の花嫁衣装で頭にかぶる角隠《つのかく》しという一種の帽子がある。これは何を隠すのだろう

か。もちろん、角である。角とは何か。悋気《りんき》だの出しゃばりだのの象徴としての角である

に決まっているではないか、こういう角を抑えて従順な良き妻に、と言ってしまえば古く

さく聞こえるけれど、これがあながちまちがいではない、そう、お姉さんの結婚式の時に

も恩師の校長先生がそんな祝辞をくださったはずだ……と、こんなふうに誰しもが思うだ

ろう。

だが、それは真実だろうか。

辞書を引いてみよう。どの辞書にも「角隠し」が「角《つの》を隠す」とは書いてない。もっと

も、「角を隠すのではない」とも書いてない。それなら、常識的に「角を隠す」と解すべ

きなのだろうか。

『大言海』を見てみよう。驚くべきことが書いてある。

●つのかくし：〈角隠〉婦人の仏参《ぶっさん》などの時に用いる一種の製《こしらえ》の帽子。今は結婚の式に、

新婦の被《かぶ》る一種の頭飾りをも云《い》う。すみかくし（角隠）の條を見よ。

今は結婚式にも用いるが、本来は、縁起でもない、なんと寺や墓へ行く時の衣装だ、と

言うのだ。しかも、「すみかくし」を見よ、とある。早速見てみよう。

●すみかくし：〈角隠〉〈額付《ひたいつき》の角《すみ》を隠すの意か。角頭巾《すみずきん》も、あり。ツノカクシと読むは非

なり〕真宗信者の婦女などが、寺詣《てらもうで》に被るもの……（以下略）。
なんと、角隠しが隠すのは角《つの》ではなくおでこの角《すみ》なのである。「ツノカクシと読むは、非なり」、すなわち「角《つの》隠し」は誤読なのだ。「角《すみ》に置けない」を「つのに置けない」と読んだようなものである。こんな誤読が、『大言海』から半世紀もたつと、誤読であることさえ辞書に記されず、誤読の方が項目として採用されるようになってしまった。

　そして、「角隠し」は女を従順にする麗《うるわ》しい伝統なのだと〝悪いイデオロギー〟は主張し、いや、だから打破すべき因習なのだと〝良いイデオロギー〟は主張する。軍国主義も国粋主義も民主主義も人権思想も、真実を見ず、真実を見えなくして得意がっている。

［や］

［ら］

[た]

[な]

[は]

[ま]

索引

呉智英（くれ　ともふさ／ごちえい）

評論家。一九四六年生まれ。愛知県出身。早稲田大法学部卒業。評論の対象は、社会、文化、言葉、マンガなど。日本マンガ学会発足時から十四年間理事を務めた（そのうち会長を四期）。東京理科大学、愛知県立大学などで非常勤講師を務めた。『封建主義 その論理と情熱』『読書家の新技術』『大衆食堂の人々』『現代マンガの全体像』『マンガ狂につける薬』『危険な思想家』『犬儒派だもの』『現代人の論語』『吉本隆明という共同幻想』『つぎはぎ仏教入門』『真実の名古屋論』『日本衆愚社会』『バカに唾をかけろ』など著書多数。加藤博子との共著で『死と向き合う言葉』（小社刊）がある。「呉智英 言葉の診察室」シリーズ全四冊（①『言葉につける薬』、②『ロゴスの名はロゴス』、③『言葉の常備薬』、④『言葉の煎じ薬』）がベスト新書より増補新版で刊行。

ベスト新書
612

言葉《ことば》につける薬《くすり》　言葉《ことば》の診察室《しんさつしつ》①

二〇二四年四月一五日　初版第一刷発行

著者◎呉《くれ》　智英《ともふさ》

発行者◎鈴木康成
発行所◎株式会社ベストセラーズ
東京都文京区音羽一-一五-一五
シティ音羽二階　〒112-0013
電話　03-6304-1832(編集)　03-6304-1603(営業)
装幀◎竹内雄二
校正◎皆川秀
印刷製本◎錦明印刷
DTP◎オノ・エーワン

ISBN978-4-584-12612-7 C0295
定価はカバーに表示してあります。